Pa Arddodiad?

A Check-list of Verbal Prepositions

D. Geraint Lewis

Gomer

Argraffiad cyntaf – 2000
Adargraffwyd – 2003, 2007, 2011, 2012, 2014

ISBN 978 1 85902 764 6

Mae D. Geraint Lewis wedi datgan ei hawl dan Ddeddf
Hawlfraint, Dyluniadau a Phatentau 1988 i gael ei
gydnabod fel awdur y llyfr hwn.

Dymuna'r cyhoeddwyr gydnabod cymorth
Adran Olygyddol Cyngor Llyfrau Cymru.

Argraffwyd yng Nghymru gan
Wasg Gomer, Llandysul, Ceredigion

Cyflwynedig
i
Rhys
er cof am
Fryn

Cynnwys

Rhagair

'Wrth eu harddodiaid y'u hadnabyddir hwy.' Dyma a ddywedir, yw un ffordd i adnabod siaradwr brodorol rhagor na dysgwr iaith. Ac y mae elfen gref o wirionedd yn hyn mewn perthynas â'r Gymraeg.

Mae'n gwestiwn y bûm yn ceisio'i ateb yn dilyn ysgrifennu *Geiriadur Gomer* ac *Y Llyfr Berfau,* ond nid oedd gennyf batrwm hwylus i'w ddilyn, hyd nes gweld y gyfrol *Gramadeg y Gymraeg* gan Peter Wynn Thomas. Fel mewn llawer maes gramadegol arall, y mae Mr Thomas wedi mynd ati i daflu goleuni newydd ar ramadeg y Gymraeg a chynnig ffordd o ymdrin â'r defnydd o arddodiaid nid yn unig ar ôl berfau ond hefyd yng nghyswllt enwau ac ansoddeiriau.

Cefais fudd mawr hefyd o'r gyfrol *Mynegair i'r Beibl Cymraeg Newydd* sy'n ffynhonnell gyfoethog o arddodiaid yn dilyn berfau.

Wrth ddiolch unwaith eto i Wasg Gomer am gefnogi'r gyfrol hon, rhaid diolch yn arbennig i Bethan Matthews am ei brwdfrydedd a'i chymorth ymarferol wrth y gwaith.

Llangwyrfon 2000   D. Geraint Lewis

ARDDODIAID

Gellir defnyddio'r arddodiad 'o' ar ôl bron pob berfenw mewn cystrawen megis *aberthu ohonof, achosi ohonof* etc.

a

aberthu *(rhywbeth)* **ar** *(rywbeth)*	to sacrifice
aberthu *(rhywbeth)* **i** *(dduw)*	
achosi *(rhywbeth)* **ar** *(rywbeth)*	to cause
achosi **i** *(rywbeth ddigwydd)*	
achosi *(rhywbeth)* **i** *(rywun/rywbeth)*	
achub **ar** *(rywbeth)*	to take advantage of
achub *(rhywun/rhywbeth)* **o** *(rywle)*	to save
achub *(rhywun/rhywbeth)*	
rhag *(rhywun/rhywbeth)*	
achwyn **am** *(rywbeth)*	to complain
achwyn **ar** *(rywun)*	
achwyn **ar ran/dros** *(rywun/rywbeth)*	
achwyn **hyd** *(gyfnod, e.e. dydd y Farn)*	
achwyn **wrth** *(rywun)*	
achwyn **yn erbyn** *(rhywun/rhywbeth)*	
adeiladu *(rhywbeth)* **am** *(swm o arian)*	to build
adeiladu *(rhywbeth)* **ar** *(rywbeth)*	
adeiladu *(rhywbeth)* **hyd at** *(ffin)*	
adeiladu *(rhywbeth)* **i** *(rywun)*	
adeiladu *(rhywbeth)* **o** *(rywbeth)*	
adeiladu *(rhywbeth)* **wrth**	
(rywbeth, e.e. swyddfa wrth wal y tŷ)	
adfer *(rhywbeth)* **i** *(rywun/rywbeth)*	to restore
adfer *(rhywbeth)* **o** *(gyflwr)*	
adfywio *(rhywun/rhywbeth)* **â** *(rhywbeth)*	to revive
adfywio *(rhywun/rhywbeth)*	
o *(gyflwr)* **i** *(gyflwr)*	

adio *(rhywbeth)* **at** *(rywbeth)* — to add
adlewyrchu **ar** *(rywun/rywbeth)* — to reflect
  adlewyrchu **dros** *(amser/bellter/ystod)*
adnabod *(rhywun/rhywbeth)* **am** *(rywbeth)* — to recognize for
  adnabod *(rhywun/rhywbeth)*
    wrth *(rywbeth)* — to recognize by
  adnabod *(rhywun/rhywbeth)*
    trwy *(rywbeth, e.e. ei waith)*
  adnabod *(rhywun/rhywbeth)*
    trwy *(rywle, e.e. y sir)*
adrodd **am** *(rywbeth)* — to report
  adrodd **ar ran** *(rhywun)* /**dros** *(rywun)*
  adrodd *(rhywbeth, e.e. cerdd)* **ar** *(destun)* — to recite
  adrodd **i** *(rywun)* — to report to
  adrodd *(rhywbeth, e.e. stori)* **i** *(rywun)*
  adrodd **o** *(rywbeth, e.e. llyfr)*
  adrodd *(rhywbeth)* **wrth** *(rywun)*
aduno *(rhywun/rhywbeth)* **â** — to reunite
adweithio **i** *(rywbeth)* — to react
  adweithio **yn erbyn** *(rhywun/rhywbeth)*
addasu **o** *(rywbeth)* **i** *(rywbeth)* — to adapt
addef *(rhywbeth)* **wrth** *(rywun)* — to admit
addo *(rhywbeth)* **am** *(bris/amser)* — to promise
  addo *(rhywbeth)* **i** *(rywun)*
  addo **wrth** *(rywun)*
addunedu **ar** *(rywbeth, e.e. llw)* — to vow
  addunedu **i** *(wneud rhywbeth)*
  addunedu **i** *(rywun)*
addysgu *(rhywun)* **am** *(rywbeth)* — to educate
  addysgu *(rhywun)* **ar** *(sut i wneud)*
  addysgu *(rhywun)* **yn/mewn**
    (rhyw faes arbennig)
aflonyddu **ar** *(rywun/rywbeth)* — to disturb
agor **am** *(amser penodol)* — to open
  agor *(rhywbeth, e.e. drws)* **ar**
  agor *(rhywbeth)* **i** *(wneud rhywbeth)*
agosáu **at** *(rywun/rywbeth/rywle)* — to approach
anghofio **am** *(rywun/rywbeth/rywle)* — to forget

anghydweld **â** *(rhywun)* **am** *(rywbeth)* — to disagree
anghytuno **â** *(rhywun)* **am** *(rywbeth)* — to disagree
angori *(rhywbeth)* **wrth** *(rywbeth)* — to anchor
alaru **ar** *(rywun/rywbeth)* — to tire of
   alaru **hyd at** *(syrffed)*
allforio *(rhywbeth)* **o** *(rywle)* **i** *(rywle)* — to export
amcanu **at** *(rywbeth)* — to aim
amddifadu *(rhywun)* **o** *(rywbeth)* — to deprive
amddiffyn *(rhywun)* **am** *(wneud rhywbeth)* — to defend
   amddiffyn **at** *(angau)*
   amddiffyn *(rhywun/rhywbeth)*
    oddi wrth *(rywun/rywbeth)*
   amddiffyn *(rhywun/rhywbeth)*
    rhag *(rhywun/rhywbeth)*
amgylchynu *(rhywbeth/rhywle)* **â** *(rhywbeth)* — to surround
amharu **ar** *(rywun/rywbeth)* — to spoil
amneidio **â** *(rhywbeth)* — to nod
   amneidio **ar** *(rywun/rywbeth)*
   amneidio **at** *(rywle)*
amrywio **o** *(rywun/rywbeth/rywle)*
   i *(rywun/rywbeth/rywle)* — to vary
anelu **at** *(rywbeth/rywle)* — to aim
anfon **am** *(rywun/rywbeth)* — to send
   anfon *(rhywbeth, e.e. neges)* **am** *(rywun/rywbeth)*
   anfon *(rhywbeth, e.e. melltith)* **ar** *(rywun/rywle)*
   anfon *(rhywbeth)* **at** *(rywun)*
   anfon *(rhywun/rhywbeth)* **i** *(rywle)*
   anfon *(rhywbeth)* **dros** *(rywun)* — (on behalf)
   anfon *(rhywbeth)* **dros** *(rywle, e.e. y môr)*
   anfon *(rhywbeth)* **oddi wrth** *(rywun)*
   anfon *(rhywbeth/rhywun)* **o** *(rywle)* **i** *(rywle)*
   anfon *(rhywbeth)* **trwy** *(rywbeth, e.e. trwy law)* — (by)
annog *(rhywun/rhywbeth)* **i** *(wneud rhywbeth)* — to urge
anrhydeddu *(rhywun/rhywbeth)* **â** *(rhywbeth)* — to honour
anturio **i** *(rywle)* — to venture
anufuddhau **i** *(rywun/rywbeth)* — to disobey
apelio **at** *(rywun)* **am** *(rywbeth)* — to appeal
   apelio **dros** *(rywun)*

apwyntio *(rhywun)* **am** *(ei allu i)* to appoint
　apwyntio *(rhywun)* **ar** *(gyflog/raddfa)*
　apwyntio *(rhywun)* **i** *(rywbeth)*
arbed *(rhywun/rhywbeth)*
　　rhag *(rhywun/rhywbeth)* to save
arbenigo **mewn/yn** *(rhywbeth)* to specialize
arbrofi **ar** *(rywun/rywbeth)* to experiment
archebu *(rhywbeth)* **o** *(rywle)* to order
　　oddi wrth *(rywun)* **ar gyfer** *(rhywun)*
arddangos *(rhywbeth)* **yn** *(rhywle)* to display
arestio *(rhywun)* **am** *(wneud rhywbeth)* to arrest
arfer **â** *(rhywbeth)* to be accustomed
arfogi **â** *(rhywbeth)* to arm
arglwyddiaethu **ar** *(rywun/rywbeth)* to lord it
argraffu *(rhywbeth)* **ar** *(rywun/rywbeth)* to print
argyhoeddi *(rhywun)* **o** *(rywbeth)* to convince
argymell **ar** *(rywun)* to recommend
　argymell *(rhywbeth)* **i** *(rywun)*
arholi *(rhywun)* **ar** *(destun)* to examine
arlwyo *(rhywbeth)* **i** *(rywun)* to cater (food)
arllwys *(rhywbeth)* **ar** *(rywun/rywbeth)* to pour
　arllwys *(rhywbeth)* **dros** *(rywun/rywbeth)*
　arllwys *(rhywbeth)* **o** *(rywbeth)*
　　trwy *(rywbeth)* **i** *(rywbeth)*
arnofio **ar** *(rywbeth)* to float
aros **am** *(rywun/rywbeth)* to wait
　aros **gyda** *(rhywun/rhywbeth)* to stay
　aros **i** *(wneud rhywbeth)*
　aros **o** *(amser)* **i** *(amser)*
　aros **yn/mewn** *(rhywle)*
arswydo *(rhywun)* **â** *(rhywbeth)* to frighten
　arswydo *(rhywun)* **rhag** *(rhywun/rhywbeth)*
arwain **at** *(rywun/rywbeth)* to lead
　arwain **o** *(rywle)* **i** *(rywle)*
　arwain *(rhywun/rhywbeth)* **dros/dan/trwy**
　arwain *(rhywun)* **yn** *(y ffordd)*
arwyddo *(rhywbeth)* **ar** *(rywbeth)* to sign
asio *(rhywbeth)* **wrth** *(rywbeth)* to join to

atal **i** *(rywun wneud rhywbeth)*	to prevent
atal *(rhywbeth)* **oddi wrth** *(rywun)*	
atal *(rhywun)* **rhag** *(gwneud rhywbeth)*	
ateb **dros** *(rywun)*	to answer
ateb **i** *(rywun)*	
ateb **trwy** *(wneud rhywbeth)*	
atseinio **i** *(sŵn)*	to resound
atseinio **trwy** *(rywle)*	
athronyddu **ar** *(destun)*	to philosophize
awdurdodi **ar** *(rywun)*	to authorize
awdurdodi *(rhywun)* **i** *(wneud rhywbeth)*	
awgrymu *(rhywbeth)* **i** *(rywun)*	to suggest

b

bacio *(rhywbeth)* **i** *(rywle)*	to back
bacio *(rhywbeth)*	
i *(wneud rhywbeth, e.e. ennill)*	
bachu **ar** *(rywbeth)*	to take advantage
bachu *(rhywbeth)* **wrth** *(rywbeth)*	to hook
baglu *(rhywun/rhywbeth)* **â** *(rhywbeth)*	to trip
baglu **ar draws** *(rhywbeth)*	
baglu **dros** *(rywbeth)*	
baglu **yn** *(rhywbeth)*	
bancio **gyda** *(chwmni arbennig)*	to bank
bargeinio **â** *(rywun)* **am** *(rywbeth)*	to bargain
barnu *(rhywun/rhywbeth)*	
am *(wneud rhywbeth)*	to criticize
barnu **rhwng** *(dau neu ragor)*	to judge
barnu **wrth** *(rywbeth)*	
batio **dros** *(dîm)*	to bat
bedyddio *(rhywun)* **â** *(rhywbeth)*	to baptize
bedyddio *(rhywun)* **i** *(enw Crist)*	
begian **ar** *(rywun)*	to beg
beicio **o** *(rywle)* **i** *(rywle)*	to cycle
beio *(rhywun/rhywbeth)* **am** *(rywbeth)*	to blame
beio *(rhywbeth)* **ar** *(rywun)*	

bendithio *(rhywun)* **â** *(rhywbeth)*	to bless
bendithio *(rhywun)* **yn** *(enw rhywun)*	
benthyca *(rhywbeth)* **i** *(rywun)*	to lend
benthyca *(rhywbeth)* **dros** *(rywun)*	
benthyca *(rhywbeth)* **gan** *(rywun)*	to borrow
benthyca *(rhywbeth)* **o** *(rywle)*	
benthyca *(rhywbeth)* **oddi wrth** *(rywun)*	
berwi *(rhywbeth)* **ar** *(rywbeth)*	to boil
berwi **dros** *(rywbeth)*	
berwi **o** *(bethau byw)*	to teem
betio **ar** *(rywun/rywbeth)*	to bet
blasu *(rhywbeth)* **â** *(rhywbeth)*	to taste
blasu **o** *(rywbeth)*	
blino **ar** *(rywbeth)*	to tire
bloeddio **ar** *(rywun/rywbeth)* **am** *(rywbeth)*	to shout
blysio **am** *(rywbeth)*	to crave
bodloni *(rhywun)* **â** *(rhywbeth)*	to satisfy
bodloni **ar** *(rywbeth)*	
bodloni **i** *(rywbeth ddigwydd)*	to allow
bradychu *(rhywun/rhywbeth)*	
i *(rhywun/rhywbeth)*	to betray
brasgamu **o** *(rywle)* **i** *(rywle)*	to stride
brasgamu **dan/dros/trwy**	
brawychu *(rhywun/rhywbeth)* **â** *(rhywbeth)*	to frighten
brawychu **am** *(fy mywyd)*	
brefu **am** *(rywun/rywbeth)*	to bleat/to low
breinio *(rhywun)* **â** *(rhywbeth)*	to honour
breuddwydio **am** *(rywbeth)*	to dream
brolio **am** *(rywbeth)* **wrth** *(rywun)*	to boast
brwsio *(rhywbeth)* **â** *(rhywbeth)*	to brush
brwydro **am** *(rywbeth)*	to fight
brwydro **dros** *(rywun/rywbeth)*	
brwydro **rhwng** *(rhywrai)*	
brwydro **yn erbyn** *(rhywun/rhywbeth)*	
brysio **at** *(rywun)*	to hasten
brysio **i** *(wneud rhywbeth)*	
brysio **o** *(rywle)* **i** (rywle)	
buddsoddi **mewn/yn** *(rhywbeth/rhywun)*	to invest

16

bwrw *(rhywun/rhywbeth)* **â** *(rhywbeth)*	to hit
bwrw **am** *(rywle)*	to head for
bwrw *(rhywbeth, e.e. glaw)* **ar**	to rain, snow etc.
bwrw **ar** *(rywle)*	to attack
bwrw **arni**	to get on with it
bwrw **at** *(wneud rhywbeth)*	to set about
bwrw *(rhywbeth)* **i** *(rywun)*	to knock
bwrw *(rhywun/rhywbeth)* **yn erbyn** *(rhywun/rhywbeth)*	
bwyta **o** *(ryw fwyd)*	to partake
bwyta **trwy** (rywbeth)	
bygwth *(rhywun)* **â** *(rhywbeth)*	to threaten
byrlymu **o** *(rywbeth)*	to fizz

C

cachu **ar** *(rywun/rywbeth)*	to crap
cadw *(rhywbeth yr ydych yn ei wisgo)* **am** *(ran o'r corff)*	to keep
cadw *(rhywbeth)* **ar** *(rywbeth)*	
cadw **at** *(rywbeth, e.e. dy air)*	
cadw *(rhywbeth)* **dan** *(rywbeth)*	
cadw *(rhywbeth)* **dros** *(rywun)*	
cadw **i** *(wneud rhywbeth)*	to persist
cadw *(rhywbeth)* **i** *(rywun)*	
cadw **o** *(rywle)*	to stay away
cadw *(rhywun)* **o** *(rywle, e.e. yr ysgol)*	
cadw *(rhywun)* **oddi wrth** *(rywbeth)*	
cadw *(rhywun)* **rhag** *(rhywbeth)*	
cadwyno *(rhywun/rhywbeth)* **wrth** *(rywbeth)*	to chain
cael *(rhywbeth)* **am** *(rywbeth)*	to get
cael **at** *(rywbeth, e.e. y gwirionedd)*	
cael *(rhywbeth)* **gan** *(rywun)*	
cael **hyd i** *(rywun/rywbeth)*	to find
cael *(rhywbeth)* **o** *(rywle)*	to have
caethgludo *(rhywun)* **o** *(rywle)* **i** *(rywle)*	to deport
caethiwo *(rhywun/rhywbeth)* **i** *(rywle)*	to confine
caethiwo *(rhywun/rhywbeth)* **yn** *(rhywle)*	

17

caledu *(rhywbeth)* **yn** *(rhywbeth)*   to harden
camarwain *(rhywun/rhywbeth)*
    trwy *(wneud rhywbeth)*   to mislead
camgymryd *(rhywun/rhywbeth)*
    am *(rywun/rywbeth)*   to mistake
camsynio *(rhywun/rhywbeth)* **am** *(rywun/rywbeth)* to mistake
canfasio **dros** *(rywun/rywbeth)*   to canvass
  canfasio **yn erbyn** *(rhywun/rhywbeth)*
caniatáu **i** *(rywun wneud rhywbeth)*   to allow
canmol *(rhywun/rhywbeth)* **wrth** *(rywun)*
    am *(rywbeth)*   to praise
canolbwyntio **ar** *(rywbeth)*   to concentrate
canu **am** *(rywun/rywbeth)*   to sing
  canu *(geiriau)* **ar** *(alaw)*
  canu **dros** *(ei wlad)*
  canu *(rhywbeth)* **i** *(rywun)*
  canu **trwy** *(ddarn o gerddoriaeth)*
  canu **i** *(rywun, e.e. y babi)*
  wedi canu **ar** *(rywun/rywbeth)*   to be sunk
carcharu *(rhywun/rhywbeth)*
    yn/mewn *(rhywle/rhywbeth)*   to imprison
cardota **am** *(rywbeth)*   to beg
cario **ar** *(rywun/rywbeth)*   to defeat
  cario *(rhywun/rhywbeth)* **ar** *(rywbeth)*   to carry
  cario *(rhywbeth)* **o** *(rywle)* **i** *(rywle)*
carlamu **o** *(rywle)* **i** *(rywle)*   to gallop
carpedu **â** *(rhywbeth)*   to carpet
cartio *(rhywbeth)* **o** *(rywle)* **i** *(rywle)*   to cart
casglu **at** *(rywun/rywbeth)*   to collect
  casglu **am** *(sef 'o gwmpas')* *(rywbeth)*
  (rhywbeth) yn casglu **ar** *(rywbeth)*
  (rhywbeth) yn casglu **dan** *(rywbeth)*
  casglu **dros** *(rywun/rywbeth)*
  casglu *(rhywun/rhywbeth)*
    i *(rywun)* **o** *(rywle)*
cau **am** *(rywun/rywbeth)*   to close
  cau **ar** *(rywun/rywbeth)*
  cau *(rhywbeth)* **rhag** *(rhywun/rhywbeth)*

cecian **wrth** *(wneud rhywbeth)*	to stutter
cecru **â** *(rhywun)* **am** *(rywbeth)*	to quarrel
cefnu **ar** *(rywun/rywbeth/rywle)*	to turn one's back on
cega **ar** *(rywun)* **am** *(rywbeth)*	to rant
ceisio **am** *(rywbeth)* **gan** *(rywun)*	to seek
celu *(rhywbeth)* **oddi wrth** *(rywun/rywbeth)*	to conceal
celu *(rhywbeth)* **rhag** *(rhywun/rhywbeth)*	
cenfigennu **wrth** *(rywun)* **am** *(rywbeth)*	to be jealous
cerfio *(rhywbeth)* **ar** *(rywbeth)*	to carve
cerfio *(rhywbeth)* **o** *(rywbeth)*	
cerflunio *(rhywbeth)* **o** *(rywbeth)*	to sculpt
ceryddu *(rhywun)* **am** *(rywbeth)*	to scold
cicio *(rhywbeth)* **i** *(rywle)*	to kick
cicio **yn erbyn** *(rhywbeth)*	
ciledrych **ar** *(rywun/rywbeth)*	to peep
cilio **at** *(rywun)*	to retreat
cilio **i/o** *(rywle)*	
cilio **dan/dros/trwy**	
cilio **oddi wrth** *(rywbeth)*	
cilio **rhag** *(rhywun/rhywbeth)*	
ciniawa **ar** *(rywbeth)*	to dine
ciniawa **gyda** *(rhywun)*	
cipio *(rhywbeth)* **o** *(rywle)*	to snatch
cipio *(rhywbeth)* **oddi ar** *(rywun/rywbeth)*	
ciwio **am** *(rywbeth)*	to queue
claddu *(rhywun/rhywbeth)* **yn**	to bury
clafychu **o** *(rywbeth)*	to sicken
clapian **am** *(rywbeth/rywun)*	to tell tales
clebran **am** *(rywun/rywbeth)*	to chatter
clirio *(rhywbeth)* **dan/o** *(rywle/rywbeth)*	to clear
clodfori *(rhywun/rhywbeth)* **â** *(rhywbeth)*	to praise
clodfori *(rhywun/rhywbeth)* **am** *(rywbeth)*	
cloddio **am** *(rywbeth)*	to dig
cloddio **i** *(rywbeth)*	
cloddio **trwy** *(rywbeth)*	
cloi *(rhywbeth)* **â** *(rhywbeth)*	
rhag *(rhywun/rhywbeth)*	to lock
cloriannu *(rhywbeth)* **yn ôl** *(rhywbeth)*	to weigh

closio **at** *(rywun/rywbeth)* — to draw near

cludo *(rhywun/rhywbeth)* **ar** *(rywbeth)* — to transport

    cludo *(rhywun/rhywbeth)* **dan/dros/trwy**

    cludo *(rhywun/rhywbeth)*
      o *(rywle)* **i** *(rywle)*

clustfeinio **ar** *(rywun/rywbeth)* — to eavesdrop

    clustfeinio **wrth** *(rywbeth)*

clustnodi *(rhywbeth)*
      ar gyfer *(rhywun/rhywbeth)* — to earmark

clymu *(rhywbeth)* **am** *(rywun)* — to tie

    clymu *(rhywbeth)* **ar** *(rywbeth)*

    clymu *(rhywun/rhywbeth)* **wrth** *(rywun/rywbeth)*

clytio *(rhywbeth)* **â** *(rhywbeth)* — to patch

clywed **am** *(rywbeth)* **gan/oddi wrth** *(rywun)* — to hear

    clywed **ar** *(fy meddwl/nghalon etc.)* — to feel

    clywed *(rhywbeth)* **gan** *(rywun)*

cneifio *(rhywbeth)* **â** *(rhywbeth)* — to shear

cnocio **ar** *(rywbeth)* — to knock

    cnocio **wrth** *(rywbeth)*

    cnocio *(rhywbeth)* **yn (erbyn)** *(rhywbeth)*

cnoi **ar** *(rywbeth)* — to gnaw

    cnoi **wrth** *(rywbeth)*

cochi **at** *(ei glustiau)* — to blush

codi *(swm o arian)* **am** *(rywbeth)*

    codi **ar** *(fy nhraed)*

    codi **at** *(rywbeth, e.e. y tân)*

    codi *(rhywbeth)* **at** *(rywbeth, e.e. achos da)*

    (rhywbeth) yn codi **dros** *(rywun/rywbeth)*

    codi *(rhywun/rhywbeth)* **dros** *(rywbeth)*

    codi *(rhywbeth)* **o** *(rywle)* **i** *(rywle)*

    codi **oddi ar** *(rywbeth)*

    codi **yn erbyn** *(rhywun/rhywbeth)*

coelio **mewn/yn** *(rhywbeth)* — to believe

coethi *(rhywbeth)* **o** *(rywbeth)* — to refine

cofio **am** *(rywbeth)* — to remember

    cofio **at** *(rywun)*

cofleidio **yn** *(rhywun/rhywbeth)* — to embrace

cofnodi *(rhywbeth)* **yn/mewn** *(rhywbeth)* — to record

cofrestru *(rhywbeth)* **yn/mewn** *(rhywbeth)*	to register
coginio *(rhywbeth)* **ar** *(rywbeth)*	to cook
coginio *(rhywbeth)*	
yn/mewn *(rhywbeth)*	
coluro *(rhywbeth)* **â**	to put on make-up
collfarnu *(rhywun/rhywbeth)*	
am *(wneud rhywbeth)*	to condemn
colli **ar** *(fy, dy, ei, etc. hun)*	to lose control of
cosbi *(rhywun/rhywbeth)*	
am *(wneud rhywbeth)*	to punish
costio **i** *(wneud rhywbeth)*	to cost
costrelu *(hylif)* **o** *(rywbeth)* **i** *(rywbeth)*	to bottle
cracio **o** *(rywle)* **i** *(rywle)*	to crack
cracio **wrth** *(wneud rhywbeth)*	
crafangu **am** *(rywbeth)*	to claw
crafu *(rhywbeth)* **oddi ar** *(rywbeth)*	to scrape
crafu *(rhywbeth)* **yn erbyn** *(rhywbeth)*	to scratch
craffu **ar** *(rywun/rywbeth)*	to look intently
crasu *(rhywbeth)* **ar** *(rywbeth)*	to bake
crasu *(rhywbeth)* **yn/mewn** *(rhywbeth)*	
crechwenu **ar** *(rywun)*	to smirk
credu **i** *(rywun wneud rhywbeth)*	to believe
credu **yn/mewn** *(rhywbeth)*	
crefu **ar** *(rywun)* **am** *(rywbeth)*	to implore
croeshoelio *(rhywun)* **ar** *(rywbeth)*	to crucify
croesholi *(rhywun)* **am** *(rywbeth)*	to cross-examine
croesi **at** *(rywun/rywle)*	to cross
croesi **dros** *(rywbeth/rywle)*	
croesi **o** *(rywle)* **i** *(rywle)*	
crogi *(rhywun)* **am** *(wneud rhywbeth)*	to hang
crogi *(rhywbeth)* **ar** *(rywbeth)*	
crogi *(rhywbeth)* **wrth** *(rywbeth)*	
cronni **am** *(rywle/rywbeth)*	to accumulate
cropian **o** *(rywle)* **i** *(rywle)*	to crawl
crybwyll **am** *(rywun/rywbeth)* **wrth** *(rywun)*	to mention
cryfhau **trwy** *(rywbeth/wneud rhywbeth)*	to strengthen
crymanu **o** *(rywle)* **i** *(rywle)*	to curl (a kick)
crynhoi *(rhywbeth)* **i** *(rywbeth/rywle)*	to summarize

cuchio **ar** *(rywun/rywbeth)*	to scowl
cuddio **dan** *(rywbeth)*	to hide
cuddio **oddi wrth** *(rywbeth)*	
cuddio **rhag** *(rhywun/rhywbeth)*	
cuddio **rhwng** *(rhai pethau)*	
curo *(rhywun/rhywbeth)* **â** *(rhywbeth)*	to knock
curo **ar** *(rywbeth)*	
curo **wrth** *(rywbeth)*	
cusanu *(rhywun/rhywbeth)* **â** *(rhywbeth)*	to kiss
cweryla **â** *(rhywun)* **am** *(rywbeth)*	to quarrel
cwffio **dros** *(rywun/rywbeth)*	to fight
cwrdd **â** *(rhywun)*	to meet
cwtogi **ar** *(rywbeth)*	to limit
cwympo **o** *(rywle/rywbeth)*	to fall
cwympo *(rhywbeth)* **ar** *(rywbeth)*	to drop
cwyno **am** *(rywun/rywbeth)*	to complain
cwyno **ar** *(rywun/rywbeth)*	
cwyno **yn erbyn** *(rhywun/rhywbeth)*	
cychwyn **am** *(rywle)*	to start
cychwyn **ar** *(rywbeth)*	
cychwyn **o** *(rywle)* **i** *(rywle)*	
cydbwyso **â**	to balance
cydio **am** *(rywbeth, e.e. gwddf ei fam)*	to grasp
cydio **wrth** *(rywun/rywbeth)*	
cydio *(rhywbeth)* **wrth** *(rywbeth)*	to join
cydio **yn** *(rhywbeth)*	
cydnabod *(rhywbeth)* **wrth** *(rywun)*	to acknowledge
cydoesi **â** *(rhywun/rhywbeth)*	to be a contemporary
cydsynio **â** *(rhywun)*	to agree
cydsynio **i** *(wneud rhywbeth)*	
cydweithio **â** *(rhywun)* **i** *(wneud rhywbeth)*	to work together
cydweithredu **â** *(rhywun)* **i** *(wneud rhywbeth)*	to co-operate
cyd-weld **â** *(rhywun/rhywbeth)*	to agree
cydymdeimlo **â** *(rhywun/rhywbeth)*	to sympathize
cydymffurfio **â** *(rhywun/rhywbeth)*	to conform
cyfaddawdu **â** *(rhywun/rhywbeth)*	to compromise
cyfaddef *(rhywbeth)* **i** *(rywun)*	to admit
cyfaddef **wrth** *(rywun)*	

cyfamodi **â** *(rhywun)* **i** *(wneud rhywbeth)*	to covenant
cyfansoddi *(rhywbeth)* **i** *(rywun/rywbeth)*	to compose
cyfarch *(rhywun)* **wrth** *(ei enw)*	to greet
cyfareddu *(rhywun)* **â** *(rhywbeth)*	to enchant
cyfarfod **â** *(rhywun)*	to meet
cyfarth **ar** *(rywun/rywbeth)*	to bark
cyfateb **i** *(rywbeth)*	to correspond to
cyfathrachu **â** *(rhywun)*	to mix with
cyfathrebu **â** *(rhywun/rhywbeth)*	to communicate
cyfeilio **i** *(rywun)* **ar** *(rywbeth)*	to accompany (musically)
cyfeiro **at** *(rywbeth)*	to refer
cyfeiro *(rhywbeth)* **i** *(rywle)*	
cyferbynnu *(rhywbeth)* **â** *(rhywbeth)*	to contrast
cyfiawnhau *(rhywbeth)* **i** *(rywun)*	to justify
cyfieithu *(rhywbeth)* **o** *(rywbeth)* **i** *(rywbeth)*	to translate
cyflenwi *(rhywbeth)* **i** *(rywun/rywbeth)*	to supply
cyfleu *(rhywbeth)* **i** *(rywun)*	to imply
cyflogi *(rhywun)* **i** *(wneud rhywbeth)*	to employ
cyflwyno *(rhywun/rhywbeth)* **i** *(rywun/rywbeth)*	to present
cyfnewid *(rhywbeth)* **â** *(rhywun)*	to exchange
cyfnewid *(rhywbeth)* **am** *(rywbeth)*	
cyfoethogi *(rhywun/rhywbeth)* **â** *(rhywbeth)*	to enrich
cyfogi **dros** *(rywun/rywbeth)*	to vomit
cyfrannu **at** *(rywbeth)*	to contribute
cyfrannu *(rhywbeth)* **i** *(rywun/rywbeth)*	
cyfranogi **o** *(rywbeth)*	to partake
cyfranogi **yn** *(rhywbeth)*	
cyfrif **o** *(rif)* **i** *(rif)*	to count
cyfuno *(rhywbeth)* **â** *(rhywbeth)*	to combine
cyf-weld **â** *(rhywun)* **am** *(rywbeth)*	to interview
cyfyngu **ar** *(rywun/rywbeth)*	to restrict
cyffeithio *(rhywbeth)* **mewn** *(rhywbeth)*	to pickle
cyffelybu *(rhywun/rhywbeth)* **i** *(rywun/rywbeth)*	to compare
cyffesu **i** *(rywbeth)*	to confess
cyffesu **wrth** *(rywun)*	
cyffredinoli **am** *(rywbeth)*	to generalize
cyffwrdd **â** *(rhywun/rhywbeth)*	to touch
cynghori *(rhywun)* **i** *(wneud rhywbeth)*	to advise

23

cyhoeddi **i** *(rywun)*	to publish
cyhoeddi *(rhywbeth)* **wrth** *(rywun)*	to announce
cyhuddo *(rhywun)* **o** *(wneud rhywbeth)*	to accuse
cyhwfan **gerbron** *(rhywle)*	to fly
cyhwfan **o** *(rywle)*	
cylchdroi **o gwmpas** *(rhywun/rhywbeth)*	to revolve
cylchredeg **o** *(rywle)* **i** *(rywle)*	to circulate
cylchu *(rhywbeth)* **â** *(rhywbeth)*	to circle
cylchu **o gwmpas**	
cylchynu *(rhywle/rhywbeth)* **â** *(rhywbeth)*	to surround
cymell *(rhywbeth)* **ar** *(rywun)*	to urge
cymell *(rhywun)* **i** *(wneud rhywbeth)*	
cymeradwyo *(rhywbeth/rhywun)* **i** *(rywun)*	to recommend
cymharu *(rhywun/rhywbeth)*	
â *(rhywun/rhywbeth)*	to compare
cymhwyso *(rhywbeth)* **at** *(rywbeth)*	to adapt
cymodi **â** *(rhywun/rhywbeth)*	to reconcile
cymryd **arno**	to pretend
cymryd **at** *(rywun/rywbeth)*	to take
cymryd *(rhywbeth)* **at** *(rywbeth)*	
cymryd **drosodd**	to take over
cymryd **imi** *(e.e. cymeraf imi wraig)*	
cymryd *(rhywbeth)* **oddi ar** *(rywun/rywbeth)*	
cymryd **wrth** *(rywbeth)*	
cymudo **o** *(rywle)* **i** *(rywle)*	to commute
cymylu *(rhywbeth)* **â** *(rhywbeth)*	to cloud
cymynu *(rhywbeth)* **i** *(rywun)*	to hew
cymysgu *(rhywbeth)* **â** *(rhywbeth)*	to mix
cynaeafu *(rhywbeth)* **â** *(rhywbeth)*	to harvest
cynefino **â** *(rhywbeth)*	to become familiar with
cynffonna **i** *(rywun)*	to toady
cynhesu *(rhywbeth)* **ar** *(rywbeth)*	to warm
cynhesu **tuag at** *(rywun)*	
cynhesu *(rhywbeth)* **wrth** *(rywbeth)*	
cynhyrfu **drwyddo**	to agitate
cynllwynio **i** *(wneud rhywbeth)*	to conspire
cynllwynio **yn erbyn** *(rhywun/rhywbeth)*	
cynnal *(rhywbeth)* **â** *(rhywbeth)*	to support

cynnig *(rhywbeth)* **am** *(rywbeth)* — to offer
(rhoi) cynnig **ar** *(rywbeth)* — to attempt
cynnig *(rhywbeth)* **i** *(rywun/rywle)*
cynnwys *(rhywun/rhywbeth)*
    oddi mewn i *(rywbeth)* — to contain
cynorthwyo *(rhywun)* **i** *(wneud rhywbeth)* — to support
cynyddu *(rhywbeth)* **o** *(ryw swm)* — to increase
cynyddu **yn/mewn** *(rhywbeth)*
cynysgaeddu *(rhywun)* **â** *(rhywbeth)* — to endow
cyplysu *(rhywbeth)* **â** *(rhywun/rhywbeth)* — to join
cyplysu *(rhywbeth)* **wrth** *(rywbeth)*
cyrcydu **wrth** *(rywbeth)* — to squat
cyrchu **at** *(rywle)* — to aim for
cyrchu **heibio** *(rhywle)* — to pass
cyrchu *(rhywun)* **o** *(rywle)* **i** *(rywle)* — to fetch
cyrraedd **am** *(amser arbennig)* — to arrive
cyrraedd **at** *(ryw fan)* — to reach
cysegru *(rhywbeth)* **i** *(rywun/rywbeth)* — to consecrate
cysgodi **dros** *(rywbeth)* — to cast a shadow
cysgodi **dan** *(rywbeth)* — to shelter
cysgodi **rhag** *(rhywbeth)*
cysgodi **rhwng** *(cawodydd etc.)*
cysgu **ar** *(rywbeth)* — to sleep
cysgu **gyda** *(rhywun)*
cysgu **wrth** *(rywbeth)*
cysoni *(rhywbeth)* **â** *(rhywbeth)* — to reconcile
cystadlu **â** *(rhywun)* **am** *(rywbeth)* — to compete
cystadlu **ar** *(destun neu gystadleuaeth)*
cystwyo *(rhywun/rhywbeth)* **â** *(rhywbeth)* — to chastise
cysuro *(rhywun)* **â** *(rhywbeth)* — to comfort
cysuro *(rhywun)* **am** *(rywbeth)*
cysylltu *(rhywun/rhywbeth)*
    â *(rhywun/rhywbeth)* — to link
cytuno **â** *(rhywun/rhywbeth)*
    am *(rywun/rywbeth)* — to agree
cytuno **ar** *(rywbeth)*
cytuno **i** *(wneud rhywbeth)*
cythruddo **trwyddo** — to be agitated

cywain *(rhywbeth)* **i** *(rywle)*	to garner
cywasgu *(rhywbeth)* **i** *(rywle)* **yn** *(rhywbeth)*	to compress
cyweirio *(rhywbeth)* **yn** *(rhywle)*	to prepare
cywilyddio **am** *(rywbeth)*	to be ashamed

ch

chwalu **i** *(rywle)*	to scatter
chwalu **trwy** *(rywle)*	
chwarae **â** *(rhywbeth)*	to play
chwarae **dros** *(dîm/wlad)*	
chwarae **gyda** *(rhywun)*	
chwarae **heb** *(rywun/rywbeth)*	
chwarae **i** *(dîm/glwb)*	
chwerthin **am** *(rywbeth)*	to laugh
chwerthin **am ben** *(rhywun)*	
chwerthin **ar** *(rywbeth)*	
chwerthin **dros** *(y lle)*	
chwerwi **tuag at** *(rywun)*	to become bitter
chwerwi **wrth** *(rywun)*	
chwibanu **ar** *(rywun/rywbeth)*	to whistle
chwifio *(rhywbeth)* **ar** *(rywun)*	to wave
chwifio *(rhywbeth)* **o** *(rywle)*	
chwilio **am** *(rywun/rywbeth)*	to search
chwilio **dan** *(rywbeth)*	
chwilio **dros** *(y lle)*	
chwilio **i** *(rywbeth, e.e. hanes)*	
chwilio **rhwng** *(pethau)*	
chwilio **trwy** *(rywbeth, e.e. llyfr)*	
chwilmanta **am** *(rywbeth)*	to rummage
chwilota **am** *(rywbeth)*	to search
chwipio *(rhywun/rhywbeth)* **â** *(rhywbeth)*	to whip
chwistrellu *(rhywun/rhywbeth)* **â** *(rhywbeth)*	to inject
chwistrellu *(rhywbeth)* **dros** *(rywun/rywbeth)*	to spray
chwydu **dros** *(rywun/rywbeth)*	to vomit
chwyddhau *(rhywbeth)* **trwy** *(wneud rhywbeth)*	to enlarge
chwyddo *(rhywbeth)* **trwy** *(wneud rhywbeth)*	to swell

chwynnu *(rhywbeth)* **o** *(rywbeth)*	to weed
chwyrlïo **dros** *(rywle)*	to whirl
chwyrlïo **o** *(rywle)* **i** *(rywle)*	
chwyrnellu **hyd** *(rhywbeth)*	to whirl
chwyrnu **ar** *(rywun)*	to snarl
chwysu **dros** *(rywbeth)*	to sweat
chwythu **ar** *(rywun/rywbeth)*	to spit (like a cat)
chwythu **dros** *(rywle/rywbeth)*	to blow
chwythu **o** *(rywle)* **i** *(rywle)*	

d

dabio *(rhywbeth)* **â** *(rhywbeth)*	to dab
dabio *(rhywbeth)* **ar** *(rywbeth)*	
dadlau **â** *(rhywun)* **am** *(rywbeth)*	to argue
dadlau **dros** *(rywbeth)*	
dadlennu *(rhywbeth)* **am** *(rywun)*	to reveal
dadlennu *(rhywbeth)* **i/wrth** *(rywun)*	
dadwreiddio *(rhywbeth)* **o** *(rywle)*	to uproot
daearu **yn** *(rhywle)*	to inter
dal **am** *(rywbeth, e.e. ei goes)*	to hold
dal **ar** *(rywbeth, e.e. y cyfle)*	to take advantage
dal **ati**	to persist
dal **heb** *(rywun/rywbeth/wneud)*	
dal **i** *(wneud rhywbeth)*	to continue
dal **wrth** *(rywbeth, e.e. ei gred)*	to persist
dallu *(rhywun)* **â** *(rhywbeth)*	to blind
damnio *(rhywun/rhywbeth)* **am** *(rywbeth)*	to damn
danfon **am** *(rywun/rywbeth)*	to send
danfon *(rhywbeth)* **ar** *(rywbeth, e.e. y bws)*	
danfon *(rhywbeth)* **at** *(rywun)*	
danfon *(rhywun/rhywbeth)* **o** *(rywle)* **i** *(rywle)*	
danfon *(rhywun/rhywbeth)* **dan/dros/trwy**	
dangos *(e.e. teyrngarwch)* **at** *(rywun/rywbeth)*	to show
dangos *(rhywun)* **dros** *(adeilad)*	
dangos *(rhywbeth)* **i** *(rywun)*	
darbwyllo *(rhywun)* **i** *(wneud rhywbeth)*	to persuade

darfod **am** *(rywun/rywbeth)* — to cease
   darfod **o** *(rywle)*
darfu i (berf anghyflawn)
   (A ddarfu i rywun ddweud rhywbeth?)
dargludo *(rhywbeth)* **trwy** *(rywbeth)* — to conduct
   dargludo *(rhywbeth)* **o** *(rywle)* **i** *(rywle)*
darlithio **ar** *(destun)* **i** *(rywun)* — to lecture
darlledu *(rhywbeth)* **am** *(destun)* — to broadcast
   darlledu **ar** *(gyfrwng)*
   darlledu **o** *(rywle)* **i** *(rywle)*
darllen **am** *(rywbeth/rywun)* — to read
   darllen **at** *(fan arbennig)*
   darllen **dros** *(rywbeth)*
   darllen *(rhywbeth)* **i** *(rywun)*
   darllen *(rhywbeth)* **o** *(rywbeth)*
   darllen **rhwng** *(rhywbeth, e.e. y llinellau)*
   darllen **trwy** *(rywbeth)*
darostwng **i** *(rywun)* — to subject
   darostwng *(rhywbeth)* **o flaen** *(rhywun)*
darparu *(rhywbeth)* **ar gyfer** *(rhywun/rhywbeth)* — to prepare
   darparu *(rhywbeth)* **i** *(rywun)*
datblygu **o** *(rywbeth)* — to develop
datganoli **o** *(rywle)* **i** *(rywle)* — to decentralize
datgelu *(rhywbeth)* **am** *(rywun/rywbeth)* — to reveal
   datgelu *(rhywbeth)* **i** *(rywun/rywbeth)*
datgloi *(rhywbeth)* **o** *(rywle)* — to unlock
datguddio *(rhywbeth)* **am** *(rywun/rywbeth)* — to reveal
   datguddio *(rhywbeth)* **i** *(rywun)*
datgymalu *(rhywbeth)* **oddi wrth** *(rywbeth)* — to uncouple
datgysylltu *(rhywbeth)* **oddi wrth** *(rywbeth)* — to disconnect
deall *(rhywbeth)* **am** *(rywbeth)* — to understand
   deall **i** *(rywun wneud rhywbeth)*
   deall **wrth** *(rywbeth, e.e. ei olwg)*
dechrau **am** *(amser)* — to start
   dechrau **ar** *((wneud) r(h)ywbeth)*
   dechrau **gyda** *(rhywbeth)*
   dechrau **heb** *(rywun/rywbeth)*
dedfrydu *(rhywun)* **i** *(rywbeth)* — to sentence

deddfu **ynglŷn â** *(rhywbeth)*   to legislate
defnyddio *(rhywun/rhywbeth)*
   i *((wneud) r(h)ywbeth)*   to use
  defnyddio *(rhywbeth)* **at** *(wneud rhywbeth)*
deffro **am** *(amser arbennig)*   to wake
  deffro **o** *(gwsg)* **i** *(rywbeth)*
dehongli *(rhywbeth)* **i** *(rywun)*   to interpret
deillio **o** *(rywle/rywbeth)*   to stem from
  deillio **oddi wrth** *(rywbeth)*
deisyf **ar** *(rywun)*   to beseech
  deisyf **dros** *(rywun/rywbeth)*
delio **gyda** *(rhywun/rhywbeth)*   to deal with
denu **at** *(rywun/rywbeth)*   to attract
  denu **o** *(rywle)* **i** *(rywle)*
derbyn *(rhywbeth, e.e. tâl)* **am** *(rywbeth)*   to receive
  derbyn *(rhywbeth, e.e. moddion)* **at** *(rywbeth)*
  derbyn *(rhywbeth)* **dros** *(rywun)*
  derbyn *(rhywbeth)* **gan** *(rywun)*
  derbyn **i** *(wneud rhywbeth, e.e. cwrs coleg)*
  derbyn *(rhywbeth)* **oddi wrth** *(rywun)*
  derbyn *(rhywbeth)* **rhag** *(rhywbeth)*
  derbyn *(rhywbeth)* **rhwng** *(mwy nag un)*
  derbyn *(rhywbeth)* **trwy** *(rywbeth, e.e. y post)*
dethol *(rhywun neu rywbeth)* **ar gyfer**   to select
  dethol *(rhywun neu rywbeth)* **o** *(rywbeth/rywle)*
dewinio *(rhywbeth)* **o** *(rywbeth)*   to conjour
dewis *(rhywun/rhywbeth)* **am** *(reswm)*   to choose
  dewis *(rhywun/rhywbeth)* **i** *(wneud rhywbeth)*
  dewis *(rhywbeth)* **i** *(rywun)*
  dewis **rhwng**
dial **ar** *(rywun)* **am** *(rywbeth)*   to avenge
dianc **o** *(rywle)* **i** *(rywle)*   to flee
  dianc **oddi wrth** *(rywun/rywbeth)*
  dianc **rhag** *(rhywun/rhywbeth)*
diasbedain **trwy** *(rywle/rywbeth)*   to resound
diawlio *(rhywun/rhywbeth)*
   am *((wneud) r(h)ywbeth)*   to curse
  diawlio **i** *(rywle)*

dibennu **â** *(rhywbeth)*	to finish
dibynnu **ar** *(rywun)* **am** *((wneud) r(h)ywbeth)*	to depend
didoli *(rhywbeth)* **oddi wrth** *(rywbeth)*	to separate
diddyfnu *(rhywbeth)* **o** *(rywbeth)*	to wean
dieithrio **oddi wrth** *(rywle/rywun)*	to estrange
dienyddio *(rhywun)* **am** *((wneud) r(h)ywbeth)*	to execute
difa *(rhywbeth)* **â** *(rhywbeth)*	to destroy
difenwi *(rhywun)* **am** *((wneud) r(h)ywbeth)*	to revile
diflannu **o** *(rywle)*	to disappear
diflannu **oddi ar** *(rywbeth)*	
diflasu **ar** *(rywun/rywbeth)*	to have a surfeit
difrïo *(rhywun/rhywbeth)*	
am *((wneud) r(h)ywbeth)*	to malign
difyrru *(rhywun)* **trwy** *(wneud rhywbeth)*	to entertain
diffodd *(rhywbeth)* **trwy** *(wneud rhywbeth)*	to extinguish
diffygio **o** *(rywbeth)*	to weary
digio **wrth** *(rywun)* **am** *(rywbeth)*	to take offence
digolledu *(rhywun)* **am** *(rywbeth)*	to reimburse
digoni *(rhywun)* **â** *(rhywbeth)*	to satisfy
digwydd *(rhywbeth)* **i** *(rywun)*	to happen
digwydd **i** *(rywun wneud rhywbeth)*	
dihidlo *(rhywbeth)* **o** *(rywbeth)*	to distil
dihoeni **o** *(eisiau)*	to languish
dihuno **am** *(amser)*	to wake
dihysbyddu *(rhywbeth)* **o** *(rywbeth)*	to empty
dileu *(rhywbeth)* **o/oddi ar** *(rywbeth)*	to delete
dilorni *(rhywun/rhywbeth)* **am** *(reswm)*	to belittle
dilyn **ar ôl** *(rhywun/rhywbeth)*	to follow
dinistrio *(rhywbeth)* **â** *(rhywbeth)*	to destroy
dinistrio *(rhywbeth)* **oddi ar** *(rywbeth)*	
dioddef **dan** *(rywun/rywbeth)*	to suffer
dioddef *(rhywbeth)* **dros** *(rywun/rywbeth)*	
dioddef **o/oddi wrth** *(rywbeth)*	
diogelu *(rhywun/rhywbeth)*	
rhag *(rhywun/rhywbeth)*	to safeguard
diolch **i** *(rywun)* **am** *(rywbeth)*	to thank
dipio *(rhywbeth)* **yn** *(rhywbeth)*	to dip
dirmygu *(rhywun)* **am** *((wneud) r(h)ywbeth)*	to despise

dirprwyo *(rhywbeth)* **i** *(rywun)*	to delegate
dirwyo *(rhywun)* **am** *(wneud rhywbeth)*	to fine
dirywio **o** *(rywbeth)* **i** *(rywbeth)*	to deteriorate
disgleirlo **ar** *(rywun/rywbeth)*	to shine
disgleirio **o** *(rywbeth/rywle)*	
disgrifio *(rhywbeth)* **i** *(rywun)*	to describe
disgwyl **am** *(rywun/rywbeth)*	to expect
disgwyl **dros/trwy/dan** *(fy sbectol)*	to look
disgwyl **hyd** *(amser arbennig)*	to wait
disgwyl **i** *(rywbeth ddigwydd)*	to expect
disgwyl **wrth** *(rywun)*	
disgwyl *(rhywbeth)* **oddi wrth** *(rywun)*	
disgyn **ar** *(rywun/rywbeth/rywle)*	to descend
disgyn **dan** *(rywbeth)*	to fall
disgyn **dros** *(rywun/rywbeth/rywle)*	
disgyn **o** *(rywle)* **i** *(rywle)*	
disgyn **o** *(linach)*	
disgyn **oddi ar** *(rywbeth)*	
disgyn **wrth** *(rywbeth, e.e. wrth yr allor)*	
disodli *(rhywun/rhywbeth)* **o** *(rywle)*	to supplant
distrywio *(rhywbeth)* **â** *(rhywbeth)*	to destroy
distrywio *(rhywun/rhywbeth)*	
trwy/wrth *((wneud) r(h)ywbeth)*	
distyllu *(rhywbeth)* **o** *(rywbeth)*	to distil
disychedu **â** *(rhywbeth)*	to slake
diweddu **gyda** *(rhywbeth)*	to finish
diwreiddio *(rhywbeth)* **o** *(rywbeth/rywle)*	to uproot
dod **â** *(rhywun/rhywbeth)* **at** *(rywun/rywbeth)*	to bring
dod **am** *(rywbeth, e.e. pryd o fwyd)*	
dod *(rhywbeth)* **ar** *(rywun/rywbeth)*	
dod **at** *(rywun/rywbeth)*	
dod **at** *(fy,dy,ei etc. hun)*	to recover
dod **dros** *(rywbeth)*	to get over
dod **heb** *(rywun/rywbeth)*	to come without
dod **i** *(wneud rhywbeth)*	to come
dod **o** *(rywun, e.e. beth ddaeth o John?)*	to become of
dod **o** *(rywle)* **i** *(rywle)*	to come
dod **o hyd i**	to discover

dod *(rhywbeth e.e. neges)*
  oddi wrth *(rywun)*
dod **rhwng** *(rhyw bethau)*
dod **trwy** *(rywbeth)*
dod **yn/mewn** *(rhywbeth)*
dodi *(rhywbeth, e.e. dillad)* **am** *(rywbeth)*   to put
  dodi *(rhywbeth)* **ar** *(rywbeth)*
dodrefnu *(rhywbeth)* **â** *(rhywbeth)*   to furnish
doethinebu **ar** *(rywbeth)*   to pontificate
dolefain **am** *(rywbeth)*   to wail
  dolefain **dros** *(rywun/rywbeth)*
dolennu *(rhywbeth)* **am** *(rywun/rywbeth)*   to coil
  dolennu **o gwmpas**
donio **â** *(rhywbeth)*   to endow
dosbarthu *(rhywbeth)* **rhwng** *(rhywrai)*   to distribute
  dosbarthu *(rhywbeth)* **i** *(rywle)*
dosrannu *(rhywbeth)* **i** *(rywun/rywbeth)*   to distribute
dotio **at** *(rywun/rywbeth)*   to dote
drachtio *(rhywbeth)* **o** *(rywbeth)*   to quaff
draenio *(rhywbeth)* **o** *(rywle/rywbeth)*   to drain
drewi **o** *(rywbeth)*   to stink
driblo *(rhywbeth)* **o** *(rywle)* **i** *(rywle)*   to dribble
driflo **dros** *(rywbeth)*   to drivel
dringo **am** *(rywbeth, e.e. bôn coeden)*   to climb
  dringo **ar** *(rywbeth)*
  dringo **at** *(rywun/rywbeth)*
  dringo **dros** *(rywbeth)*
  dringo **o** *(rywle)* **i** *(rywle)*
  dringo **trwy** *(rywbeth, e.e. niwl)*
dripian **o** *(rywle)* **i** *(rywle)*   to drip
drwgdybio *(rhywun)* **o** *(wneud rhywbeth)*   to suspect
dryllio *(rhywbeth)* **â** *(rhywbeth)*   to shatter
dweud **wrth** *(rywun)* **am** *(rywun/(wneud) r(h)ywbeth)*   to tell
  dweud **ar** *(rywbeth, e.e. fy iechyd)*
  dweud **dan** *(ei anadl)*
  dweud **dros** *(rywun)*
  dweud **o** *(rywun, e.e. iddo ddweud ohonof)*   to tell of
dwlu **ar** *(rywun/rywbeth)*   to dote

dwyn *(rhywun/rhywbeth)* **o** *(rywle)* **i** *(rywle)*   to bring
   dwyn *(rhywbeth, e.e. cosb)*
    ar *(rywun)* **am** *(rywbeth)*
   dwyn *(rhywbeth, e.e. cleifion)* **at** *(rywun)*
   dwyn **o flaen** *(ei well)*
   dwyn *(rhywbeth)* **oddi ar** *(rywun)*   to steal
dychlamu **o** *(rywle)* **i** *(rywle)*   to leap
dychryn **am** *(fy mywyd)*   to frighten
   dychryn **at** *(rywbeth)*
   dychryn **rhag** *(rhywbeth)*
dychwelyd *(rhywbeth, e.e. niwed)* **ar** *(rywun)*   to return
   dychwelyd **at** *(rywun)*
   dychwelyd **hyd** *(rywle)*
   dychwelyd **o** *(rywle)* **i** *(rywle)*
dyddio **o** *(rywbryd)*   to date
dyddodi *(rhywbeth)* **i** *(rywle)*   to deposit
dyfalbarhau **gyda** *(rhywbeth)*   to persist
   dyfalbarhau **i** *(wneud rhywbeth)*
dyfalu **am** *(rywbeth)*   to speculate
dyfeisio *(rhywbeth)* **ar gyfer** *(rhywun/rhywbeth)*   to devise
dyfrhau *(rhywbeth)* **â** *(rhywbeth)*   to water
dyfynnu *(rhywbeth)* **gan** *(rywun)*   to quote
   dyfynnu *(rhywbeth)* **o** *(rywle)* **wrth** *(rywun)*
dygymod **â** *(rhywbeth)*   to come to terms
dyheu **am** *(rywun/rywbeth)*   to yearn
dylanwadu **ar** *(rywun/rywbeth)*   to influence
dylifo **â** *(rhywbeth)*   to flow
   dylifo **at** *(rywun)*
   dylifo **o** *(rywle)* **i** *(rywle)*
   dylifo **o** *(rywbeth, e.e. mêl)*
dymuno **am** *(rywbeth)*   to wish
   dymuno *(rhywbeth)* **i** *(rywun)*
   dymuno **i** *(rywun wneud rhywbeth)*
dynesu **at** *(rywle)*   to draw near
dynodi *(rhywbeth)* **â** *(rhywbeth)*   to denote
dyrchafu *(rhywbeth)* **at** *(rywun)*   to raise
   dyrchafu *(rhywbeth/rhywun)* **i** *(rywle/rywbeth)*
dyrnu **ar** *(rywbeth)*   to hammer

dysgu *(rhywun)* **am** *(rywbeth)* — to teach
   dysgu *(rhywbeth)* **gan** *(rywun/rywbeth)* — to learn
   dysgu *(rhywbeth)* **i** *(rywun)*
   dysgu *(rhywun)* **i** *(wneud rhywbeth)*
dyweddïo **â** *(rhywun)* — to betroth
   dyweddïo *(rhywun)* **i** *(rywun)*

e

echdorri **i** *(rywle)* — to erupt
echdynnu *(rhywbeth)* **o** *(rywbeth)* — to extract
edifarhau **am** *((wneud) r(h)ywbeth)* — to repent
edliw *(rhywbeth)* **i** *(rywun)* — to reproach
edmygu *(rhywun)* **am** *(rywbeth)* — to admire
edrych **am** *(rywun/rywbeth)* — to look
   edrych **ar** *(rywun/rywbeth)*
   edrych **at** *(rywun, e.e. am arweiniad)*
   edrych **dan** *(rywbeth)*
   edrych **dros** *(rywbeth)*
   edrych **rhwng** *(rhai pethau)*
   edrych **trwy** *(rywbeth)*
effeithio **ar** *(rywun/rywbeth)* — to affect
egino **o** *(rywbeth)* — to sprout
egluro *(rhywbeth)* **i** *(rywun)* — to explain
ehangu **ar** *(rywbeth)* — to expand
ehedeg **o** *(rywle)* **i** *(rywle)* — to fly
eiddigeddu **wrth** *(rywun/rywbeth)* — to envy
eiriol **ar** *(rywun)* **am** *(rywbeth)* — to intercede
   eiriol **dros** *(rywun)*
eistedd **am** *(rywbeth, e.e. y tân)*
     â *(rhywun)* — to sit the other side of
   eistedd **ar** *(rywbeth)* — to sit
   eistedd **dan** *(rywbeth)*
   eistedd **gyda** *(rhywun)*
   eistedd **i** *(wneud rhywbeth)*
   eistedd **trwy** *(rywbeth)*
   eistedd **wrth** *(rywbeth)*
eithrio **o** *(rywbeth)* — to except

elwa **ar** *(rywbeth/rywun)*	to profit
encilio **o** *(rywle)* **i** *(rywle)*	to retreat
eneinio *(rhywun/rhywbeth)* **â** *(rhywbeth)*	to anoint
ennill **ar** *(rywun/rywbeth)*	to defeat
ennill *(rhywbeth)* **drwy** *(wneud rhywbeth)*	to win
ennill *(rhywbeth)* **i** *(rywun)*	
ennill *(rhywbeth)* **wrth** *(rywun)*	
ennill *(rhywbeth)* **yn/mewn** *(rhywbeth)*	
ennyn *(rhywbeth)* **yn** *(rhywun/rhywbeth)*	to kindle
ensynio **wrth** *(rywun)*	to insinuate
enwebu *(rhywun)* **i** *(wneud rhywbeth)*	to nominate
enwi *(rhywun/rhywle)* **ar ôl** *(rhywun)*	to name
enwi *(rhywun)* **i** *(wneud rhywbeth)*	
erchi **i** *(rywun wneud rhywbeth)*	to request
erfyn **am** *(rywbeth)*	to plead
erfyn **ar** *(rywun)* **i** *(wneud rhywbeth)*	
erfyn **dros** *(rywun)*	
ergydio *(rhywbeth)* **â** *(rhywbeth)*	to hit
erlid *(rhywun)* **am** *((wneud) r(h)ywbeth)*	to prosecute
erlid *(rhywun)* **o** *(rywle)*	to drive away
esbonio *(rhywbeth)* **i** *(rywun)*	to explain
esbonio *(rhywbeth)* **wrth** *(rywun)*	
esgor **ar** *(rywun/rywbeth)*	to give birth to
esgusodi **rhag** *(gorfod gwneud)*	to be excused
esgyn **o** *(rywle)* **i** *(rywle)*	to ascend
esmwytháu **ar** *(rywun)*	to soothe
esmwytho *(rhywbeth)* **i** *(rywun)*	to ease
estraddodi *(rhywun)* **o** *(rywle)* **i** *(rywle)*	to extradite
estyn **am** *(rywbeth)*	to reach for
estyn **at** *(rywbeth/rywle)*	
estyn **dros** *(rywbeth)*	
estyn **hyd** *(rywbeth)*	
estyn *(rhywbeth)* **i** *(rywun)*	
estyn **o** *(rywle)* **i** *(rywle)*	
etifeddu *(rhywbeth)* **gan** *(rywun)*	to inherit
ethol *(rhywun)* **i** *(rywbeth)*	to elect
ewyllysio *(rhywbeth)* **i** *(rywun)*	to will
ewynnu **dros** *(rywun/rywbeth)*	to foam

ff

ffaelu **â** *(gwneud rhywbeth)* — to fail
ffafrio *(rhywun)* **â** *(rhywbeth)* — to favour
ffansïo *(rhywun/rhywbeth)*
    i *(wneud rhywbeth)* — to fancy
ffarwelio **â** *(rhywun/rhywbeth)* — to bid farewell
ffeilio *(rhywbeth)* **dan** *(enw ffeil)* — to file (documents)
ffeirio *(rhywbeth)* **am** *(rywbeth)* — to swap
ffinio **â** *(rhywle)* — to adjoin
   ffinio **ar** *(rywle)*
fflachio *(golau)* **ar** *(rywun/rywbeth)* — to flash
fflyrtio **â** *(rhywun/rhywbeth)* — to flirt
ffoi **am** *(rywbeth, e.e. lloches)* **i** *(rywle)* — to flee
   ffoi **heb** *(rhywun/rhywbeth)*
   ffoi **o** *(rywle)* **i** *(rywle)*
   ffoi **rhag** *(rhywun/rhywbeth)*
ffoli **ar** *(rhywun/rywbeth)* — to dote
ffonio **o** *(rywle)* **am** *(rywbeth)* — to telephone
ffraeo **â** *(rhywun)* **am** *(rywbeth)* — to quarrel
ffroeni **ar** *(rywbeth)* — to sniff
ffromi **wrth** *(rywun/rywbeth)* — to rage
ffrwyno *(rhywun/rhywbeth)*
    rhag *(gwneud rhywbeth)* — to curb
ffrydio **o** *(rywle)* **i** *(rywle)* — to stream
ffurfio *(rhywbeth)* **â** *(rhywbeth)* — to form
   ffurfio *(rhywbeth)* **i** *(wneud rhywbeth)*
   ffurfio *(rhywbeth)* **o** *(rywbeth)*
ffusto **ar** *(rywbeth)* — to hammer
ffwdanu **am** *(rywbeth)* — to take trouble
ffyrnigo **at** *(rywun/rywbeth)* — to enrage
   ffyrnigo **wrth** *(rywun/rywbeth)*

g

gadael **am** *(rywle)*   to leave
   gadael **ar** *(rywbeth, e.e. y bws)*
   gadael **heb** *(rywun/rywbeth)*
   gadael *(rhywbeth)* **i** *(rywun)*
   gadael **i** *(rywun wneud rhywbeth)*
gafael **am** *(rywun/rywbeth)*   to grasp
   gafael **yn/mewn** *(rhywbeth)*
galarnadu **am** *(rywun/rywbeth)*   to lament
galaru **am** *(rywun/rywbeth)*   to mourn
   galaru **dros** *(rywun/rywbeth)*
galfaneiddio **â** *(rhywbeth)*   to galvanise
galw **ar** *(rywun)* **am** *(rywbeth)*   to call
   galw **am** *(rywun)*
   galw *(rhywbeth, e.e. enwau)* **ar** *(rywun)*
   galw **ar** *(rywun)* **i** *(wneud rhywbeth)*
   galw *(rhywun/rhywbeth)* **atoch**
   galw *(rhywun/rhywbeth)* **wrth** *(ei enw)*
galluogi *(rhywun)* **i** *(wneud rhywbeth)*   to enable
gefeillio **â** *(rhywle/rhywun)*   to twin
geni *(rhywun)* **i** *(rywun)*   to bear (a child)
   geni **o** *(wraig)*
glafoeri **dros** *(rywbeth)*   to slaver
glanhau *(rhywun)* **o/oddi wrth** *(ei feiau)*   to clean
glanio **ar** *(rywbeth)*   to land
   glanio **yn** *(rhywle)*
glastwreiddio **â** *(rhywbeth)*   to dilute
glaswenu **ar** *(rywun/rywbeth)*   to smirk
glawio **ar** *(rywun/rywbeth)*   to rain
gleidio **ar** *(rywbeth)*   to glide
   gleidio **dros** *(rywbeth)*
gloddesta **ar** *(rywbeth)*   to feast
gloywi *(rhywbeth)* **â** *(rhywbeth)*   to polish
gludio *(rhywbeth)* **wrth** *(rywbeth)*   to glue
glynu **wrth** *(rywun/rywbeth)*   to stick
   glynu **yn** *(rhywbeth)*

gobeithio **am** *(rywbeth)*	to hope
gobeithio **yn** *(rhywun)*	
godro **â** *(rhywbeth)*	to milk
goddef **i** *(rywun wneud rhywbeth)*	to suffer
gofalu **am** *(rywun/rywbeth)*	to take care
gofalu **dros** *(rywun/rywbeth)*	
gofalu **rhag** *(gwneud rhywbeth)*	
gofidio **am** *(rywun/rywbeth)*	to worry
gofidio **dros** *(rywun/rywbeth)*	
gofyn **am** *(rywbeth)*	to ask
gofyn *(rhywbeth)* **gan** *(rywun)*	
gofyn **i** *(rywun wneud rhywbeth)*	
gofyn **i** *(rywun)* **am** *(rywun/rywbeth)*	
gofyn **dros** *(rywun)*	
goglais *(rhywbeth)* **â** *(rhywbeth)*	to tickle
gogoneddu *(rhywun/rhywbeth)* **â** *(rhywbeth)*	to glorify
gogoneddu *(rhywun/rhywbeth)* **am** *(rywbeth)*	
gogrwn *(rhywbeth)* **oddi wrth** *(rywbeth)*	to sift
gogwyddo **at/tuag at** *(rywbeth)*	to incline
gohebu **â** *(rhywun/rhywbeth)*	to correspond
gohirio *(rhywbeth)* **tan** *(rywbryd)*	to postpone
golchi *(rhywbeth)* **â** *(rhywbeth)*	to wash
goleddfu **o** *(rywle)* **i** *(rywle)*	to incline
goleuo *(rhywbeth)* **â** *(rhywbeth)*	to illuminate
gollwng **arni**	to let rip
gollwng *(rhywbeth)* **o** *(rywle)* **i** *(rywle)*	to release
gorchuddio *(rhywbeth)* **â** *(rhywbeth)*	to cover
gorchymyn **i** *(rywun wneud rhywbeth)*	to command
gorddibynnu **ar** *(rywun/rywbeth)*	to be too dependent
gorfod **i** *(rywun wneud rhywbeth)*	to have to
gorfu **i** *(rywun wneud rhywbeth)*	had to
gorfodi *(rhywbeth)* **ar** *(rywun)*	to compel
gorfodi *(rhywun)* **i** *(wneud rhywbeth)*	
gorfoleddu **â** *(rhywbeth)*	to rejoice
gorfoleddu **am** *(rywbeth)*	
gorfoleddu **dros** *(rywun, e.e. gelynion)*	
gorfoleddu **yn** *(rhywbeth)*	
gorffen **â** *(rhywun/rhywbeth)*	to finish

gorffwys **ar** *(rywbeth)*   to rest
  gorffwys **gyda** *(rhywun)*
  gorffwys **o** *(rywbeth))*
gorgyffwrdd **â** *(rhywbeth)*   to overlap
gori **dros** *(rywbeth)*   to brood
gorlenwi *(rhywbeth)* **â** *(rhywbeth)*   to overfill
gorlifo **â** *(rhywbeth)*   to overflow
  gorlifo **dros** *(rywbeth)*
  gorlifo **o** *(rywbeth)*
  gorlifo **o** *(rywle)* **i** *(rywle)*
goroesi **i** *(wneud rhywbeth)*   to survive
gorseddu *(rhywun)* **ar** *(rywun/rywbeth)*   to enthrone
gorwedd **ar** *(rywbeth)*   to lie
  gorwedd **dan** *(rywbeth)*
  gorwedd **gyda** *(rhywun/rhywbeth)*
  gorwedd **rhwng** *(rhai pethau)*
  gorwedd **wrth** *(rywbeth)*
gosod *(rhywbeth, e.e. gwisg)* **am** *(rywun/rywbeth)*   to place
  gosod *(rhywbeth)* **ar** *(rywun)*
  gosod *(rhywbeth)* **dan/dros** *(rywbeth)*
  gosod *(rhywbeth)* **i** *(rywun)*
  gosod *(rhywbeth)* **rhwng** *(rhai pethau)*
  gosod *(rhywbeth)* **wrth** *(rywbeth, e.e. traed)*
  gosod *(rhywun/rhywbeth)* **yn/mewn** *(rhywbeth)*
gostegu *(rhywbeth)* **â** *(rhywbeth)*   to subdue
gostwng *(rhywbeth)* **o** *(rywle)* **i** *(rywle)*   to lower
gresynu **wrth** *(rywun/rywbeth)*   to deplore
gwacáu *(rhywbeth)* **o** *(rywbeth)*   to empty
gwadnu *(rhywbeth)* **â** *(rhywbeth)*   to sole
gwadu **i** *(rywun wneud rhywbeth)*   to deny
gwaddoli *(rhywbeth)* **â** *(rhywbeth)*   to endow
gwaedu **dros** *(rywun/rywbeth)*   to bleed
  gwaedu **o** *(rywle, e.e. o'i ystlys)*
gwahaniaethu *(rhywbeth)* **oddi wrth** *(rywbeth)*   to distinguish
  gwahaniaethu **rhwng** *(pethau)*
gwahanu *(rhywbeth)* **oddi wrth** *(rywbeth)*   to separate
gwahardd **i** *(rywun wneud rhywbeth)*   to ban
  gwahardd *(rhywun)* **rhag** *(gwneud rhywbeth)*

gwahodd *(rhywun)* **i** *(rywle/rywbeth)*	to invite
gwamalu **rhwng** *(dau neu ragor o bethau)*	to vacillate
gwanedu *(rhywbeth)* **â** *(rhywbeth)*	to dilute
gwanu *(rhywbeth)* **â** *(rhywbeth)*	to pierce
gwaradwyddo *(rhywun)* **am** *(rywbeth)*	to shame
gwaradwyddo **rhag** *(rhywbeth)*	
gwarafun *(rhywbeth)* **i** *(rywun)*	to refuse
gwarantu *(rhywbeth)* **i** *(rywun)*	to guarantee
gwarchae **ar** *(rywle)*	to besiege
gwarchod **dros** *(rywun/rywbeth)*	to protect
gwarchod *(rhywun/rhywbeth)*	
rhag *(rhywun/rhywbeth)*	
gwaredu *(rhywun/rhywle)* **o** *(rywbeth)*	to rid
gwaredu *(rhywun)* **rhag** *(rhywbeth)*	
gwario *(rhywbeth)* **am** *(rywbeth)*	to spend
gwario *(arian)* **ar** *(rywun/rywbeth)*	
gwasanaethu *(rhywun)* **â** *(rhywbeth)*	to serve
gwasanaethu **ar** *(rywun/rywbeth)*	
gwasgaru *(rhywbeth)* **dros** *(rywbeth/rywle)*	to scatter
gwasgaru *(rhywbeth)* **i** *(rywle)*	
gwasgu *(darn o wisg)* **am** *(y corff)*	to squeeze
gwasgu **ar** *(rywun)*	to pressurize
gwasgu **at** *(rywun)*	
gwasgu **o** *(rywle)* **i** *(rywle)*	
gwastatáu/gwastatu *(rhywbeth)* **â** *(rhywbeth)*	to flatten
gwastraffu *(rhywbeth)* **ar** *(rywun/rywbeth)*	to waste
gwatwar *(rhywun/rhywbeth)* **â** *(rhywbeth)*	to mock
gwau **am** *(rywle, e.e. adre)*	to wend
gwau/gweu **trwy** *(rywbeth)*	to weave
gwawdio *(rhywun/rhywbeth)*	
am *((wneud)rhywbeth)*	to mock
gwawrio **ar** *(rywun/rywbeth)*	to dawn
gweddïo **ar** *(rywun)* **am** *(rywbeth)*	to pray
gweddïo **dros** *(rywun/rywbeth)*	
gweddïo **rhag** *(rhywbeth)*	
gweddnewid **o** *(rywbeth)* **i** *(rywbeth)*	to transform
gweddu **i** *(rywun/rywbeth)*	to suit
gwefreiddio **trwy**	to electrify

gwegian **dan** *(rywbeth)*   to falter
  gwegian **yn/mewn** *(diod)*
gweiddi **ar** *(rywun)* **am** *(rywbeth)*   to shout
gweini **ar** *(rywun)*   to serve
  gweini **wrth** *(rywbeth)*
gweinidogaethu **ar** *(rywun/rywle)*   to minister
  gweinidogaethu **i** *(rywun)*
gweithio **am** *(rywbeth)*   to work
  gweithio **ar** *(rywbeth)*
  gweithio *(ffordd)* **at** *(rywle)*
  gweithio **dan** *(rywbeth)*
  gweithio **dros** *(rywun/rywbeth)*
  gweithio **drwy** *(rywbeth)*
  gweithio **gyda** *(rhywun)*
  gweithio **heb** *(rywun/rywbeth)*
  gweithio **i** *(rywun)*
  gweithio **mewn** *(rhywbeth, e.e. aur/pres)*
  gweithio **o** *(rywle, e.e. gartref)*
  gweithio **rhag** *(rhywbeth, e.e. mynd yn dlawd)*
  gweithio **rhwng** *(mwy nag un peth neu berson)*
  gweithio **wrth** *(rywbeth)*
gweithredu **dros** *(rywun)*   to act
  gweithredu **yn ôl** *(rhywbeth)*
gweld **o** *(rywle)* **i** *(rywle)*   to see
  gweld *(rhywbeth)* **ar** *(rywbeth, e.e. y teledu)*
  gweld **dros** *(rywun, e.e. drosof fy hun)*
  gweld **trwy** *(rywun/rywbeth)*
  gweld **wrth** *(rywbeth e.e. ei wyneb)*
  gweld **rhwng** *(rhai pethau)*
gwella **o** *(rywbeth)*   to improve
gwenu **ar** *(rywun)* **am** *(rywbeth)*   to smile
  gwenu **at** *(rywbeth e.e. eu pranciau)*
gwenwyno *(rhywun/rhywbeth)* **â** *(rhywbeth)*   to poison
gwerthu *(rhywbeth)* **am** *(swm o arian)* **i** *(rywun)*   to sell
  gwerthu *(rhywbeth)* **ar** *(rywbeth, e.e. y rhyngrwyd)*
  gwerthu *(rhywbeth)* **dros** *(rywun)*
  gwerthu *(rhywbeth)* **yn** *(rhywle)*
gweryru **ar** *(rywun/rywbeth)* **am** *(rywbeth)*   to neigh

gwgu **ar** *(rywun/rywbeth)*	to frown
gwibio **dros** *(rywun/rywbeth)*	to sprint
gwibio **heibio** *(rhywun/rhywbeth)*	to dart
gwibio **o** *(rywle)* **i** *(rywle)*	
gwichian **ar** *(rywun/rywbeth)* **am** *(rywbeth)*	to squeak
gwingo **dan** *(rywbeth)*	to writhe
gwingo **yn erbyn** *(rhywbeth)*	
gwirfoddoli **i** *(wneud rhywbeth)*	to volunteer
gwirioni **ar** *(rywun/rywbeth)*	to dote
gwisgo *(rhywun/rhywbeth)* **â** *(rhywbeth)*	to dress
gwisgo **amdanaf**	
gwisgo *(rhywbeth)* **am** *(ran o'r corff)*	
gwisgo *(rhywbeth)* **ar** *(rywbeth)*	
gwisgo *(rhywbeth)* **dan** *(rywbeth)*	
gwisgo *(rhywbeth)* **dros** *(rywbeth)*	
gwisgo **mewn** *(rhywbeth)*	
gwisgo *(rhywbeth)* **rhag** *(rhywbeth)*	
gwladychu *(rhywle)* **â** *(rhywrai)*	to colonize
gwladychu **o** *(rywle)* **i** *(rywle)*	
gwledda **ar** *(rywbeth)* **gyda** *(rhywun)*	to feast
gwlychu *(rhywbeth)* **â** *(rhywbeth)*	to wet
gwlychu **at** *(y croen)*	to get wet
gwlychu *(rhywbeth)* **yn** *(rhywbeth)*	to soak
gwneud *(rhywbeth)* **â** *(rhywun)*	to do
gwneud **am** *(rywun/rywbeth)*	to aim
gwneud **amdano**	to kill
gwneud *(rhywbeth)* **dros** *(rywun/rywbeth)*	
gwneud **heb** *(rywbeth)*	
gwneud **i** *(rywun wneud rhywbeth)*	to make
gwneud *(rhywbeth)* **trwy** *(wneud rhywbeth)*	
gwnïo *(rhywbeth)* **â** *(rhywbeth)*	to sew
gwnïo *(rhywbeth)* **am** *(rywbeth)*	
gwnïo *(rhywbeth)* **wrth** *(rywbeth)*	
gwobrwyo *(rhywun)* **â** *(rhywbeth)* **am** *(rywbeth)*	to reward
gwrando **ar** *(rywun/rywbeth)*	to listen
gwreiddio **yn** *(rhywbeth)*	to root
gwresogi **â** *(rhywbeth)*	to heat

gwrido **am** *(rywun)*	to blush
gwrido **dros** *(rywun/rywbeth)*	
gwrido **at** *(rywle)*	
gwroli *(rhywun)* **â** *(rhywbeth)*	to hearten
gwrteithio **â** *(rhywbeth)*	to manure
gwrthbrofi *(rhywbeth)* **â** *(rhywbeth)*	to disprove
gwrthbrofi *(rhywbeth)*	
trwy *((wneud) r(h)ywbeth)*	
gwrthdaro **yn erbyn** *(rhywbeth)*	to collide
gwrthdystio **yn erbyn** *(rhywun/rhywbeth)*	to protest
gwrthgilio **o/oddi wrth** *(rywun/rywbeth/rywle)*	
i *(rywle)*	to recede
gwrthgyferbynnu **â** *(rhywbeth)*	to contrast
gwrthod **â** *(gwneud rhywbeth)*	to refuse
gwrthod **i** *(rywun)*	
gwrthryfela **yn erbyn** *(rhywun/rhywbeth)*	to revolt
gwthio *(rhywun/rhywbeth)* **o** *(rywle)* **i** *(rywle)*	to push
gwthio **yn erbyn** *(rhywun/rhywbeth)*	
gwybod **am** *(rywun/rywbeth)*	to know
gwybod **wrth** *(rywbeth)*	
gwylio **am** *(rywun/rywbeth)*	to watch
gwylio **dros** *(rywun)*	
gwylio **rhag** *((gwneud)rhywbeth/rhywun)*	
gwylltio **wrth** *(rywun/rywbeth)*	to enrage
gwynnu *(rhywbeth)* **â** *(rhywbeth)*	to whiten
gwyntio **o** *(rywbeth)*	to smell
gwyro **o/oddi wrth** *(rywle/rywbeth)* **i** *(rywle)*	to veer
gwysio **i** *(wneud rhywbeth)*	to summon
gwystlo **i** *(wneud rhywbeth)*	to pledge
gyrru **dros/trwy/dan**	to drive
gyrru **heb** *(rywun/rywbeth)*	
gyrru **o** *(rywle)* **i** *(rywle)*	

h

hagru *(rhywbeth)* **trwy** *(wneud rhywbeth)* — to disfigure

halio **o** *(rywle)* **i** *(rywle)* — to haul

halogi *(rhywbeth/rhywle)* **â** *(rhywbeth)* — to pollute
   halogi *(rhywbeth/rhywle)*
     trwy *(wneud rhywbeth)*

hanu **o** *(rywle)* — to come from

harddu *(rhywbeth/rhywle)* **â** *(rhywbeth)* — to adorn
   harddu *(rhywbeth/rhywle)*
     trwy *(wneud rhywbeth)*

harneisio *(rhywbeth)* **i** *(wneud rhywbeth)* — to harness

hau **â** *(rhywbeth)* — to sow
   hau *(rhywbeth)* **ar** *(rywbeth, e.e. tir ffrwythlon)*
   hau *(rhywbeth)* **yn** *(rhywle)*

hawlio *(rhywbeth)* **am** *((wneud) r(h)ywbeth)* — to claim
   hawlio *(rhywbeth)* **gan** *(rywun)*

hedfan **o** *(rywle)* **i** *(rywle)* — to fly
   hedfan **trwy** *(rywbeth)*

heglu **o** *(rywle)* — to flee

heicio **o** *(rywle)* **i** *(rywle)* — to hike

heidio **ar** *(rywle)* — to swarm
   heidio **yn** *(rhywle)*

heigio **ar** *(rywle)* — to swarm
   heigio **o** *(rywbeth)* — to teem
   heigio **yn** *(rhywle)*

heintio *(rhywun/rhywbeth)* **â** *(rhywbeth)* — to infect

hel *(rhywbeth)* **at** *(rywbeth)* — to collect
   hel *(rhywun)* **o** *(rywle)* — to send

hela *(rhywbeth)* **o** *(rywle)* **i** *(rywle)* — to send

helaethu **ar** *(rywbeth)* — to enlarge

helpu *(rhywun)* **i** *(wneud rhywbeth)* — to help
   helpu *(rhywun/rhywbeth)* **trwy** *(wneud rhywbeth)*

hepian **trwy** *(rywbeth)* — to snooze

hercian **o** *(rywle)* **i** *(rywle)* — to limp

herio *(rhywun)* **i** *(wneud rhywbeth)* — to challenge
   herio *(rhywun)* **am** *(rywbeth)*

herwhela *(rhywbeth)* **o** *(rywle)* — to poach

44

hidlo *(rhywbeth)* **â** *(rhywbeth)*   to strain (filter)
   hidlo *(rhywbeth)* **o** *(rywbeth)*
hiraethu **am** *(rywun/rywbeth)*   to yearn
hoelio *(rhywbeth)* **â** *(rhywbeth)*   to nail
   hoelio *(rhywbeth)* **ar** *(rywbeth)*
   hoelio *(rhywbeth)* **wrth** *(rywbeth)*
hofran **uwchben** *(rhywbeth)*   to hover
hogi *(rhywbeth)* **ar** *(rywbeth)*   to whet
hongian **wrth** *(rywbeth)*   to hang
   hongian *(rhywbeth)* **dros** *(rywbeth)*
holi **am** *(rywun/rywbeth)*   to ask
hollti **o** *(rywle)* **i** *(rywle)*   to split
hudo *(rhywun)* **â** *(rhywbeth)*   to captivate
   hudo *(rhywun/rhywbeth)* **o** *(rywle)* **i** *(rywle)*   to attract
hulio *(rhywbeth)* **i** *(nifer arbennig)*   to lay (a table)
huno **yn** *(rhywbeth)*   to rest (as rest in peace)
hurio *(rhywun/rhywbeth)* **gan** *(rywun)*   to hire
   hurio *(rhywun/rhywbeth)* **wrth** *(amser)*
hurtio **am** *(rywbeth)*   to become confused
hwtian **ar** *(rywun/rywbeth)*   to hoot
hwylio **at** *(wneud rhywbeth)*   to set about
   hwylio **ar** *(rywbeth)*   to sail
   hwylio **o** *(rywle)* **i** *(rywle)*
hwyluso *(rhywbeth)* **i** *(rywun)*   to make easier
hyderu **yn** *(rhywun/rhywbeth)*   to be confident
hyfforddi *(rhywun)* **i** *(wneud rhywbeth)*   to train
   hyfforddi *(rhywun)*
      yn *(y ffordd o wneud rhywbeth)*
hymian *(alaw)* **wrth** *(rywun)*   to hum
hyrddio *(rhywbeth)* **at** *(rywun/rywbeth)*   to hurl
   hyrddio *(rhywbeth)* **o** *(rywle)* **i** *(rywle)*
hyrwyddo *(rhywbeth/rhywle)*
      trwy *(wneud rhywbeth)*   to promote
   hyrwyddo *(rhywun/rhywbeth)* **ar** *(rywbeth, e.e. y teledu)*
hysbyddu *(rhywbeth)* **o** *(rywbeth)*   to exhaust
hysbysebu *(rhywun/rhywbeth)* **ar/yn** *(r(h)ywbeth)*to advertise
hysbysu *(rhywun)* **am** *(rywbeth)*   to inform
hysian *(rhywbeth)* **ar** *(rywun)*   to set on

i

iacháu *(rhywun)* **o** *(rywbeth)*	to cure
iacháu **trwy** *(rywbeth)*	
ieuo *(rhywbeth)* **wrth** *(rywbeth)*	to yoke
ildio **i** *(rywun/rywbeth)*	to yield
impio *(rhywbeth)* **wrth** *(rywbeth)*	to graft
imwneiddio *(rhywun/rhywbeth)* **rhag** *(rhywbeth)*	to immunize
inswleiddio *(rhywbeth)* **rhag** *(rhywbeth)*	to insulate
iro *(rhywbeth)* **â** *(rhywbeth)*	to anoint
iselhau *(rhywbeth)* **i** *(uchder)*	to lower
isrannu *(rhywbeth)* **yn** *(rhywbeth)*	to subdivide

j

jocan **wrth** *(rywun/rywbeth)*	to joke

l

labelu *(rhywbeth)* **â** *(rhywbeth)*	to label
lamineiddio *(rhywbeth)* **â** *(rhywbeth)*	to laminate
lapio *(rhywbeth)* **am** *(rywun/rywbeth)*	to wrap
lapio *(rhywbeth)* **yn/mewn** *(rhywbeth)*	
loncian **o** *(rywle)* **i** *(rywle)*	to jog
lordio **dros** *(rywun/rywbeth)*	to lord it

ll

llabyddio *(rhywun)* **â** *(rhywbeth)*	to stone
llabyddio **i** *(farwolaeth)*	
llacio **ar** *(rywbeth)*	to slacken
lladrata *(rhywbeth)* **oddi ar** *(rywun)*	to steal
lladd **ar** *(rywun/rywbeth)*	to criticize
lladd *(rhywun/rhywbeth)* **â** *(rhywbeth)*	to kill
lladd *(rhywun)* **am** *((wneud) r(h)ywbeth)*	

46

lladd **hyd at** *(nifer arbennig)*
lladd **wrth** *(wneud rhywbeth/rywle, e.e. yr allor)*
llafurio **am** *(rywbeth)* — to work
  llafurio **i** *(wneud rhywbeth)*
  llafurio **wrth** *(rywbeth)*
llamu **ar** *(rywbeth)* — to leap
  llamu **at** *(rywun/rywbeth)*
  llamu **dros/trwy** *(rywbeth)*
  llamu **o** *(rywbeth, e.e. llawenydd)*
  llamu **o** *(rywle)* **i** *(rywle)*
llanw *(rhywbeth)* **â** *(rhywbeth)* — to fill
  llanw *(rhywbeth)* **hyd at** *(ryw lefel)*
  llanw *(rhywbeth)* **i** *(rywle)*
llarieiddio *(rhywbeth)* **trwy** *(wneud rhywbeth)* — to ease
llawenhau **am** *(rywbeth)* — to rejoice
  llawenhau **dros** *(rywun)*
  llawenhau **yn** *(rhywbeth)*
llawenychu **am** *(rywbeth)* — to rejoice
  llawenychu **yn** *(rhywbeth)*
llechu **dan** *(rywbeth)* — to lurk
  llechu **yn** *(rhywle)*
lledaenu *(rhywbeth)* **dros** *(rywbeth/rywle)* — to spread
lled-orwedd **ar** *(rywbeth)* — to recline
  lled-orwedd **wrth** *(rywbeth)*
lledu **ar** *(rywbeth)* — to spread
  lledu **dros** *(rywbeth/rywle)*
  lledu **o** *(rywle)* **i** *(rywle)*
lleddfu *(rhywbeth)* **â** *(rhywbeth)* — to ease
  lleddfu **ar** *(rywbeth)* **trwy** *((wneud) r(h)ywbeth)*
llefain **am** *(rywun/rywbeth)* — to cry
  llefain **ar** *(rywun/rywbeth)*
  llefain **dros** *(rywun/rywbeth)*
  llefain **wrth** *(rywun)*
llefaru **â** *(rhywbeth)* — to utter
  llefaru **am** *(destun)*
  llefaru **dros** *(rywun)*
  llefaru **wrth** *(rywun/rywbeth)*
lleisio *(rhywbeth)* **wrth** *(rywun)* — to voice

lleoli *(rhywbeth)* **yn** *(rhywle)*	to locate
llesgáu **yn** *(rhywle)*	to languish
llesteirio *(rhywun/rhywbeth)*	
rhag *(gwneud rhywbeth)*	to impede
lletya **gyda** *(rhywun)*	to lodge
lletya **yn** *(rhywle)*	
llewygu **gan** *(rywbeth)*	to faint
llewygu **o** *(rywbeth)*	
llewyrchu **ar** *(rywbeth)*	to shine
llewyrchu **trwy** *(rywbeth)*	
llifo **am** *(rywle, e.e. y dref)*	to flow
llifo **ar hyd** *(rhywle)*	
llifo **dan** *(rywbeth)*	
llifo **dros** *(rywbeth)*	
llifo **o** *(rywbeth e.e. o laeth a mêl)*	
llifo **o** *(rywle)* **i** *(rywle)*	
llifo **trwy** *(rywle)*	
lliniaru **ar** *(rywbeth)*	to ease
llithro **ar** *(rywbeth)*	to slip
llithro **dros** *(rywbeth)*	
llithro **i** *(rywle)*	
llochesu **dan** *(rywbeth)* **rhag** *(rhywun/rhywbeth)*	to shelter
llochesu **yn** *(rhywle)*	
llofnodi *(enw)* **ar** *(rywbeth)*	to sign
lloffa **am** *(rywbeth)* **o** *(rywle)*	to glean
llogi *(rhywun/rhywbeth)* **i** *(wneud rhywbeth)*	to hire
llongyfarch *(rhywun)* **am** *(wneud rhywbeth)*	to congratulate
llongyfarch *(rhywun)* **ar** *(rywbeth)*	
llonni **drwyddo**	to gladden
llosgi **â** *(rhywbeth)*	to burn
lluchio *(rhywbeth)* **ar** *(rywle)*	to throw
lluchio *(rhywbeth)* **at** *(rywun)*	
lluchio *(rhywbeth)* **o** *(rywle)* **i** *(rywle)*	
lluniadu *(llun)* **o** *(rywbeth)*	to draw
llunio *(rhywbeth)* **o** *(rywbeth)*	to form
llusgo **ar ôl** *(rhywbeth)*	to drag
llusgo *(rhywbeth)* **o** *(rywle)* **i** *(rywle)*	
llwgu **o** *(rywbeth)*	to starve

llwyddo **i** *(wneud rhywbeth)*	to succeed
llwytho **â** *(rhywbeth)*	to load
llygru *(rhywun/rhywbeth)* **â** *(rhywbeth)*	to pollute
llythyru **â** *(rhywun)*	to correspond
llythyru **rhwng** (rhywrai)	
llywio *(rhywbeth)* **trwy** *(rywle)* **i** *(rywle)*	to steer
llywodraethu **ar** *(rywun/rhywbeth)*	to govern
llywodraethu **dros** *(rywun/rywle)*	

m

machlud **ar** *(rywbeth)*	to set
maddau **i** *(rywun)* **am** *(rywbeth)*	to forgive
manteisio **ar** *(rywun/rywbeth)*	to take advantage of
mân-werthu **am** *(bris)*	to retail
manylu **ar** *(rywbeth)*	to go into detail
marcio *(rhywbeth)* **â** *(rhywbeth)*	to mark
marchogaeth **ar** *(rywbeth)*	to ride (a horse)
marchogaeth **dros** *(rywbeth)*	
marchogaeth **o** *(rywle)* **i** *(rywle)*	
marchogaeth **trwy** *(rywbeth)*	
marw **ar** *(rywbeth, e.e. y môr)*	to die
marw **dan** *(amgylchiadau)*	
marw **dros** *(rywun/rywle)*	
marw **o** *(rywbeth)*	
medd **wrth** *(rywun)* *[berf anghyflawn]*	to say
meddalu **ar** *(rywbeth)*	to soften
meddu **ar** *(rywbeth)*	to own
meddwi **ar** *(rywbeth)*	to get drunk
meddwl **am** *(rywun/rywbeth)*	to think
meiddio **â** *(gwneud rhywbeth)*	to dare
meimio **i** *(gyfeiliant)*	to mime
melysu *(rhywbeth)* **â**	to sweeten
meithrin *(rhywbeth)* **â** *(rhywbeth)*	to nurture
mentro **ar** *(rywbeth)*	to venture
mentro **i** *(wneud rhywbeth)*	
mentro **o** *(rywle)* **i** *(rywle)*	

menu **ar** *(rywun/rywbeth)*	to impair
merwino **ar** *(rywbeth)*	to grate on
mesur **o** *(rywle)* **i** *(rywle)*	to measure
mesur *(rhywbeth)* **wrth** *(rywbeth)*	
methu **â** *(gwneud rhywbeth)*	to fail
(sylwer: does dim angen **â** oni ddaw rhywbeth	
rhwng **methu** a'r berfenw sy'n ei ddilyn,	
e.e. methu gweld; methu'n lân â gweld)	
methu **o** *(fesur arbennig)*	
mewnforio **o** *(rywle)* **i** *(rywle)*	to import
milwrio **yn erbyn** *(rhywbeth)*	to militate
modelu **ar** *(rywun/rywbeth)*	to emulate
moduro **o** *(rywle)* **i** *(rywle)*	to drive
moesymgrymu **i** *(rywun)*	to bow
mogi **o** *(achos)*	to suffocate
mopio **ar** *(rywun/rywbeth)*	to mope
mordwyo **o** *(rywle)* **i** *(rywle)*	to navigate
morio **ar** *(rywbeth)*	to sail
morthwylio **wrth** *(rywbeth)*	to hammer
mudo **o** *(rywle)* **i** *(rywle)*	to migrate
mwmian **wrth** *(rywun/rywbeth)*	to mumble
mwydo *(rhywbeth)* **â** *(rhywbeth)*	to steep
mwydo *(rhywbeth)* **yn/mewn** *(rhywbeth)*	
mwyngloddio **am** *(rywbeth)*	to mine
myfyrio **am** *(rywbeth)*	to meditate
myfyrio **ar** *(rywbeth)*	
myfyrio **yn** *(rhyw destun)*	
mynd **â** *(rhywun/rhywbeth)*	to take
mynd **ar** *(rywbeth)*	to go
mynd **at** *(rywun/rywbeth)*	
mynd **ati**	to set about
mynd **dan** *(groen)*	to get on one's nerves
mynd **dros** *(rywun)*	
mynd **gyda** *(rhywun)*	
mynd **heb** *(rywun/rywbeth)*	
mynd **o** *(rywle)* **i** *(rywle)*	
mynd **rhagddo**	to go on
mynd **rhwng** *(pethau)*	

mynd **trwy** *(rywle/rywbeth)*
mynegi *(rhywbeth)* **i** *(rywun)*   to express
  mynegi **wrth** *(rywun)*
mynnu *(rhywbeth)* **am** *(rywbeth)*   to insist
  mynnu **gan** *(rywun)*
  mynnu **i** *(rywun wneud rhywbeth)*

n

nacáu *(rhywbeth)* **i** *(rywun)*   to refuse
naddu *(rhywbeth)* **ar** *(rywbeth)*   to carve
  naddu *(rhywbeth)* **i** *(rywun)*
  naddu *(rhywbeth)* **o** *(rywbeth)*
nawddogi *(rhywun)* **i** *(wneud rhywbeth)*   to patronize
negeseua **dros** *(rywun)*   to run an arrand
neidio **ar** *(rywbeth)*   to jump
  neidio **dros** *(rywbeth)*
  neidio **o** *(rywle)* **i** *(rywle)*
neilltuo *(rhywbeth)* **at** *(ryw ddiben)*   to set to one side
  neilltuo *(rhywbeth)* **i** *(rywun/rywle)*
nerthu *(rhywbeth)* **â** *(rhywbeth)*   to strengthen
  nerthu *(rhywun)* **i** *(wneud rhywbeth)*
nesáu **at** *(rywun/rywbeth)*   to draw near
newid **â** *(rhywun)*   to change
  newid *(rhywbeth)* **am** *(rywbeth)*
  newid **amdanaf**
  newid **i** *(rywbeth)*
newynu **am** *(rywbeth)*   to starve
niweidio *(rhywun/rhywbeth)* **â** *(rhywbeth)*   to harm
niwtraleiddio *(rhywbeth)* **â** *(rhywbeth)*   to neutralize
nodi *(rhywbeth)* **am** *(rywun /rywbeth)*   to make a note
  nodi *(rhywbeth)* **ar** *(rywbeth)*
noddi *(rhywun)* **i** *(wneud rhywbeth)*   to sponsor
nofio **am** *(rywbeth)* **o** *(rywle)* **i** *(rywle)*   to swim
  nofio **ar** *(rywbeth)*
  nofio **yn** *(rhywbeth)*
nogio **wrth** *(orfod gwneud rhywbeth)*   to jib

nôl *(rhywbeth)* **i** *(rywun)*	to fetch
nosi **ar** *(rywun/rywbeth)*	to become dark
nosi **dros** *(rywle)*	
nyddu *(rhywbeth)* **o** *(rywbeth)*	to spin
nyrsio *(rhywun/rhywbeth)* **yn ôl i** *(iechyd)*	to nurse
nythu **ar** *(rywbeth)*	to nest
nythu **dan** *(rywle)*	
nythu **yn** *(rhywle)*	

o

ochain **am** *(rywbeth)*	to sigh
ochneidio **am** *(rywbeth)*	to sigh
ochneidio **wrth** *(rywun)*	
ochrgamu **heibio i** *(rywun/rywbeth)*	to side-step
ochrgamu **rhwng** *(pethau)*	
ochri **gyda** *(rhywun)*	to side with
odli **â** *(rhywbeth)*	to rhyme
oedi **i** *(wneud rhywbeth)*	to pause
ofni **i** *(rywun wneud rhywbeth)*	to be afraid
ofni **rhag** *(rhywun/rhywbeth)*	
offrymu *(rhywbeth)* **ar** *(rywbeth)* **i** *(rywun)*	to sacrifice
ordeinio **i** *((wneud) r(h)ywbeth)*	to ordain
osgoi **rhag** *(gorfod gwneud rhywbeth)*	to avoid

p

pacio *(rhywbeth)* **i** *(rywun)*	to pack
padlo **o** *(rywle)* **i** *(rywle)*	to paddle
palfalu **am** *(rywbeth)*	to grope
palmantu *(rhywbeth)* **â** *(rhywbeth)*	to pave
palu **am** *(rywbeth)*	to dig
palu **arni**	to get on with
palu **rhwng** *(pethau)*	
pallu **â** *(gwneud rhywbeth)*	to refuse
papuro **dros** *(rywbeth)*	to paper

para **am** *(gyfnod)*	to last
para **dros** *(gyfnod)*	
para **i** *(wneud rhywbeth)*	to continue
parablu **am** *(rywbeth)*	to chatter
paratoi *(rhywbeth)* **ar gyfer** *(rhywbeth)*	to prepare
paratoi **at** *(rywbeth)*	
paratoi **i** *(wneud rhywbeth)*	
paratoi *(rhywbeth)* **i** *(rywun)*	
paratoi *(rhywun)* **i** *(wneud rhywbeth)*	
parcio **yn** *(rhywle)*	to park
parchu *(rhywun)* **am** *(rywbeth)*	to respect
parhau **â** *(rhywbeth)*	to continue
parhau **i** *(wneud rhywbeth)*	
parlysu **drwof** etc.	to paralyse
pasio **heibio i** *(rywbeth)*	to pass
pastio *(rhywbeth)* **ar** *(rywbeth)*	to paste
pechu **yn erbyn** *(rhywun)*	to offend
pedlera *(rhywbeth)* **o** *(rywle)* **i** *(rywle)*	to peddle (goods)
pefrio **o** *(rywbeth)*	to sparkle
pegio *(rhywbeth)* **wrth** *(rywbeth)*	to peg
peidio **â** *(gwneud rhywbeth)*	to cease
peintio *(rhywbeth)* **â** *(rhywbeth)*	to paint
peintio **dros** *(rywbeth)*	
pellhau **o/oddi wrth** *(rywun/rywbeth)*	to recede
penderfynu **ar** *(rywbeth)*	to decide
pendroni **dros** *(rywbeth)*	to puzzle
pendroni **uwchben** *(rhywbeth)*	
penio *(rhywbeth)* **i** *(rywle)*	to head
penlinio **ar** *(rywbeth)*	to kneel
penlinio **wrth** *(rywbeth)*	
pennu *(rhywbeth)* **i** *(rywun)*	to determine
penodi *(rhywun)* **i** *(swydd)*	to appoint
penodi **am** *(gyfnod)*	
pentyrru *(rhywbeth)* **ar** *(rywun)*	to heap
pentyrru *(rhywbeth)* **dros** *(rywun)*	
pereiddio *(rhywbeth)* **â** *(rhywbeth)*	to sweeten
perffeithio **trwy** *((wneud) r(h)ywbeth)*	to perfect
perfformio **ar** *(rywbeth)*	to perform

peri **i** *(rywbeth ddigwydd)*	to cause
perswadio *(rhywun)*	
i *(wneud rhywbeth)*	to persuade
perthyn **i** *(rywun/rywbeth)*	to be related/belong
peryglu *(rhywun/rhywbeth)*	
â *(rhywbeth)*	to endanger
peryglu *(rhywun/rhywbeth)*	
trwy *(wneud rhywbeth)*	
pesgi **ar** *(rywbeth)*	to fatten
peswch **dros** *(rywun, rywle)*	to cough
petruso **rhag** *(gwneud rhywbeth)*	to hesitate
picio **i** *(rywle)*	to pop (somewhere)
piclo **mewn** *(rhywbeth)*	to pickle
pigo **ar** *(rywun/rywbeth)*	to pick
pigo *(rhywun/rhywbeth)* **allan o** *(rywbeth)*	
pinio *(rhywbeth)* **wrth** *(rywbeth)*	to pin
pinsio *(rhywbeth)* **rhwng** *(pethau)*	to pinch
pistyllu **dros** *(rywun/rywbeth)*	to pour (rain)
pitïo **wrth** *(rywun/rywbeth)*	to pity
plannu *(rhywbeth)* **â** *(rhywbeth)*	to plant
plannu *(rhywbeth)* **ar** *(rywbeth)*	
plannu *(rhywbeth)* **yn** *(rhywbeth)*	
plastro *(rhywbeth)* **dros** *(rywbeth)*	to plaster
pledio **â** *(rhywun)* **am** *(rywbeth)*	to plead
pledio **dros** *(rywun/rywbeth)*	
pleidleisio **dros/o blaid**	
(r(h)ywun/((g)wneud) r(h)ywbeth)	to vote
pleidleisio **yn erbyn** *(rhywun/rhywbeth)*	
plethu *(rhywbeth)* **â** *(rhywbeth)*	to plait
plethu *(rhywbeth)* **am** *(rywbeth)*	
plethu *(rhywbeth)* **trwy** *(rywbeth)*	to weave
plycio **wrth** *(rywbeth)*	to tug
plygu **am** *(rywbeth)*	to bend
plygu **at** *(rywun)*	
plygu **dros** *(rywbeth)*	
plygu **i** *(rywun/rywbeth)*	
plymio **drwy** *(rywbeth)*	to dive
plymio **i** *(rywbeth)*	

pobi *(rhywbeth)* **ar** *(rywbeth)*	to bake
pobi *(rhywbeth)* **dan** *(rywbeth)*	
pobi *(rhywbeth)* **wrth** *(rywbeth)*	
pobi *(rhywbeth)* **yn/mewn** *(rhywbeth)*	
poeni **am** *(rywun/rywbeth)*	to worry
poenydio *(rhywun/rhywbeth)* **â** *(rhywbeth)*	to torture
poeri **ar** *(rywbeth)*	to spit
poeri **at** *(rywbeth)*	
poeri **i** *(rywbeth)*	
poethi **i** *(wres arbennig)*	to heat
pontio **rhwng** *(pethau)*	to bridge
porthi *(rhywun/rhywbeth)* **â** *(rhywbeth)*	to feed
postio *(rhywbeth)* **o** *(rywle)* **i** *(rywle)*	to post
postio *(rhywbeth)* **at** *(rywun)*	
pregethu **am** *(rywbeth)* **i** *(rywun)*	to preach
pregethu **ar** *(adnod/testun o'r Beibl)*	
pregethu **wrth** *(rywun)*	
prepian **am** *(rywbeth)* **wrth** *(rywun)*	to tell tales
preswylio **ar** *(rywun/rywbeth)*	to dwell
preswylio **gyda** *(rhywun)*	
preswylio **yn** *(rhywle)*	
priodi **â** *(rhywun)*	to marry
priodi **i** *(deulu)*	
priodoli *(rhywbeth)* **i** *(rywbeth/rywun)*	to attribute
procio *(rhywbeth)* **â** *(rhywbeth)*	to poke
profi *(rhywbeth)* **â** *(rhywbeth)*	to test
profi *(rhywbeth)* **i** *(rywun)*	to prove
proffesu *(rhywbeth)* **wrth** *(rywun)*	to profess
pryderu **am** *(rywun/rywbeth)*	to worry
prydferthu *(rhywun/rhywbeth)* **â** *(rhywbeth)*	to adorn
pryfocio *(rhywun)* **am** *(rywbeth)*	to provoke
prynu *(rhywbeth)* **â** *(rhywbeth)*	to buy
prynu *(rhywbeth)* **am** *(bris)*	
prynu *(rhywbeth)* **ar gyfer** *(rhywbeth)*	
prynu *(rhywbeth)* **at** *(wneud rhywbeth)*	
prynu *(rhywbeth)* **dros** *(rywun arall)*	
prynu *(rhywbeth)* **gan/oddi wrth** *(rywun)*	
prynu *(rhywbeth)* **i** *(rywun)*	

prysuro **i** *(wneud rhywbeth)*	to hasten
prysuro **o** *(rywle)* **i** *(rywle)*	
prysuro **trwy** *(rywle/rywbeth)*	
puro *(rhywbeth)* **â** *(rhywbeth)*	to purify
puro **o** *(rywbeth)*	
pwdu **wrth** *(rywun)*	to sulk
pwmpio *(rhywbeth)* **o** *(rywle)* **i** *(rywle)*	to pump
pwnio *(rhywbeth)* **â** *(rhywbeth)*	to hit
pwnio *(rhywbeth)* **i** *(rywle)*	
pwyntio **at** *(rywun/rywbeth)*	to point
pwysleisio **ar** *(rywun)*	to emphasize
pwysleisio *(rhywbeth)* **i** *(rywun)*	
pwyso **ar** *(rywun/rywbeth)* **am** *(rywbeth)*	to bring pressure
pwyso **dros** *(rywbeth)*	to lean
pwyso *(rhywbeth)* **i** *(rywun)*	to weigh
pwyso *(rhywbeth)* **yn/mewn** *(rhywbeth)*	
pydru **arni**	to keep going
pyncio **am** *(rywun/rywbeth)*	to sing
pysgota **am** *(rywbeth)*	to fish
pysgota **ar** *(rywle, e.e. llyn)*	
pystylad **ar** *(rywun/rywbeth)*	to stamp

r

rasio **at** *(rywun)*	to race
rasio **o** *(rywle)* **i** *(rywle)*	
rasio **i** *(wneud rhywbeth)*	
recordio **ar** *(rywbeth)*	to record
recordio **at** *(bwrpas arbennig)*	
rwdlan **am** *(rywbeth)*	to babble

rh

rhacanu **â** *(rhywbeth)*	to rake
rhaffu *(rhywbeth)* **wrth** *(rywbeth)*	to rope
rhag-ddweud **am** *(rywun/rywbeth)*	to foretell

rhagori **ar** *(rywun/rywbeth)*	to excell
rhagori **mewn** *(rhywbeth)*	
rhagrithio **am** *(rywbeth)*	to be hypocritical
rhannu *(rhywbeth)* **â** *(rhywun)*	to share
rhannu *(rhywbeth)* **i**	
rhannu **rhwng** *(rhywrai)*	
rhannu **ymhlith** *(rhywrai)*	
rhedeg **am** *(rywun/rywbeth)*	to run
rhedeg **ar** *(rywun/rywbeth)*	to criticize
rhedeg **at** *(rywun/rywle)*	
rhedeg **dros/trwy/dan**	
rhedeg **i** *(rywle)* **o** *(rywle)*	
rhedeg **i** *(wneud rhywbeth)*	
rhedeg **oddi wrth** *(rywle/rywun)*	
rhedeg **rhag** *(rhywbeth, e.e. cael fy nal)*	
rhedeg **rhwng** *(pethau neu bobl)*	
rhegi *(rhywun)* **i** *(rywle)*	to curse
rhentu *(rhywbeth)* **gan/oddi wrth** *(rywun)*	to rent
rhesymu **gyda** *(rhywun)*	to reason
rhewi **wrth** *(rywbeth)*	to freeze
rhidyllu *(rhywbeth)* **trwy** *(rywbeth)*	to sieve
rhincian **ar** *(rywun/rywbeth)*	to gnash
rhodio **gyda** *(rhywun)*	to stroll
rhodio **o** *(rywle)* **i** *(rywle)*	
rhodio **yn** *(rhywle)*	
rhoi *(rhywbeth)* **am**	
(rywbeth)(sgidiau am *nid* ar *eich traed)*	to wear
rhoi *(swm o arian)* **am** *(rywbeth)*	to give
rhoi *(rhywbeth)* **ar** *(rywun/rywbeth)*	to put
rhoi *(rhywbeth)* **at** *(rywbeth)*	
rhoi *(rhywbeth)* **dan** *(rywbeth/rywun)*	
rhoi *(rhywbeth)* **dros** *(rywun)*	
rhoi *(rhywbeth)* **i** *(rywun)*	
rhoi *(rhywbeth)* **rhwng** *(mwy nag un peth neu berson)*	
rholio **ar** *(rywbeth)*	to roll
rhostio *(rhywbeth)* **i** *(rywun)* **ar** *(rywbeth)*	to roast
rhostio **wrth** *(rywbeth)*	
rhuo **ar** *(rywun/rywbeth)*	to roar

rhusio *(rhywun/rhywbeth)*
    rhag *((gwneud) r(h)ywbeth)* — to hinder
rhuthro **am** *(rywbeth)* — to rush
  rhuthro **ar** *(rywun)*
  rhuthro **at** *(rywun/rywle)*
  rhuthro **dros/trwy/dan**
  rhuthro **o** *(rywle)* **i** *(rywle)*
rhwbio *(rhywbeth)* **â** *(rhywbeth)* — to rub
  rhwbio **yn erbyn** *(rhywun/rhywbeth)*
rhwyfo **o** *(rywle)* **i** *(rywle)* — to row
rhwygo *(rhywbeth)* **o** *(rywle)* — to tear
rhwymo *(rhywbeth)* **â** *(rhywbeth)* — to bind
  rhwymo *(rhywbeth)* **am** *(rywbeth)*
  rhwymo *(rhywun)* **i** *(wneud rhywbeth)*
  rhwymo *(rhywun/rhywbeth)* **mewn** *(rhywbeth)*
  rhwymo *(rhywbeth)* **wrth** *(rywbeth)*
rhwystro *(rhywun)* **rhag** *(gwneud rhywbeth)* — to hinder
rhybuddio *(rhywun)* **am** *(rywun/rywbeth)* — to warn
  rhybuddio *(rhywun)* **i** *(wneud rhywbeth)*
  rhybuddio *(rhywun)* **o** *(rywbeth))*
  rhybuddio *(rhywun)* **rhag** *(gwneud rhywbeth)*
rhyddhau *(rhywun/rhywbeth)* **o** *(rywle)* — to release
rhyfeddu **at** *(rywun/rywbeth)* — to wonder
rhyfela **â** *(rhywun/rhywbeth)* — to fight
  rhyfela **yn erbyn** *(rhywun/rhywbeth)*
rhygnu **ar** *(rywbeth)* — to grate
rhyngu bodd **i** *(rywun)* — to satisfy
rhythu **ar** *(rywun/rhywbeth)* — to stare

S

saernïo *(rhywbeth)* **i** *(wneud rhywbeth)* — to fashion
saethu *(rhywbeth)* **â** *(rhywbeth)* — to shoot
  saethu *(rhywbeth)* **at** *(rywun/rywbeth)*
  saethu **dan/dros/rhwng/trwy**
safoni *(rhywbeth)* **ar** *(ffurf arbennig)* — to standardize
sangu/sengi **ar** *(rywun/rywbeth)* — to tread

58

sancteiddio *(rhywun)* **i** *((wneud) r(h)ywbeth))*   to sanctify
    sancteiddio **trwy** *(rywbeth)*
sarhau *(rhywun)* **am** *(wneud rhywbeth)*   to insult
    sarhau *(rhywun)* **trwy** *(wneud rhywbeth)*
sarnu *(rhywbeth)* **ar** *(rywbeth)*   to spill
    sarnu *(rhywbeth)* **dros** *(rywun/rywbeth)*
sathru **ar** *(rywun/rywbeth)*   to trample
    sathru *(rhywbeth)* **dan** *(rywbeth, e.e. traed)*
    sathru *(rhywbeth)* **i** *(rywle)*
sawru **o** *(rywbeth)*   to smell
sbario *(rhywbeth)* **i** *(rywun)*   to spare
    sbario *(rhywun/rhywbeth)*
      rhag *(rhywun/rhywbeth)*
sbeitio *(rhywun)* **am** *(wneud rhywbeth)*   to spite
    sbeitio *(rhywun)* **trwy** *(wneud rhywbeth)*
sbio **ar** *(rywun/rywbeth)*   to look
sblasio *(rhywbeth)* **dros** *(rywun/rywbeth)*   to splash
    sblasio **yn** *(rhywbeth)*
sboncio **ar** *(rywbeth)*   to bounce
    sboncio **dros** *(rywbeth)*
    sboncio *(rhywbeth)* **yn erbyn** *(rhywbeth)*
sbrintio **at** *(rywle/rywun)*   to sprint
    sbrintio **i** *(glwb/dîm)*
sbwylio *(rhywbeth)* **rhag i** *(rywun wneud rhywbeth)*   to spoil
sefydlu *(rhywbeth)* **ar** *(rywbeth)*   to establish
    sefydlu *(rhywbeth)* **i** *(rywun)*
    sefydlu *(rhywbeth)* **rhwng** *(rhywrai)*
sefyll **am** *(rywbeth, e.e. rhyddid, cyfiawnder)*   to represent
   sefyll **ar** *(rywbeth)*   to stand
   sefyll **dan** *(rywbeth)*
   sefyll **dros/o blaid** *(r(h)ywbeth)*
   sefyll **i** *(rywbeth, e.e. anthem)*
   sefyll **o** *(amser)* **i** *(amser)*
   sefyll **rhwng** *(pethau neu bobl)*
   sefyll **wrth** *(rywbeth)*
   sefyll **yn/mewn** *(rhywbeth)*
sengi **ar** *(rywun/rywbeth)*   to tread
seiclo **o** *(rywle)* **i** *(rywle)*   to cycle

seilio *(rhywbeth)* **ar** *(rywbeth)*	to base
seinio **i** *(rywle)*	to sound
selio *(rhywbeth)* **â** *(rhywbeth)*	to seal
selio **ar** *(rywbeth)*	
serennu **ar** *(rywle/rywun)*	to sparkle
serfio *(rhywun/rhywbeth)* **â** *(rhywbeth)*	to serve
sgeintio:ysgeintio *(rhywbeth)* **dros** *(rywbeth)*	to sprinkle
sgio **ar** *(rywle)*	to ski
sgio **o** *(rywle)* **i** *(rywle)*	
sglefrio **ar** *(rywbeth)*	to slide
sglefrio **o** *(rywle)* **i** *(rywle)*	
sgrechain:sgrechian **ar** *(rywun)* **am** *(rywbeth)*	to scream
sgribl(i)an **ar** *(rywbeth)*	to scribble
sgribl(i)an *(rhywbeth)* **at** *(rywun)*	
sgriwio *(rhywbeth)* **wrth** *(rywbeth)*	to screw
sgrwbio *(rhywbeth)* **â** *(rhywbeth)*	to scrub
sgwlcan *(rhywbeth)* **o** *(rywle)*	to sneak
sgwlcan **o** *(rywle)* **i** *(rywle)*	
sgwrsio **â** *(rhywun)* **am** *(rywbeth)*	to chat
sianelu *(rhywbeth)* **i** *(rywle)*	to channel
siap(i)o *(rhywbeth)* **o** *(rywbeth)*	to shape
siarad **â** *(rhywun)* **am** *(rywbeth)*	to speak
siarad **ar** *(destun)*	
siarad **dros** *(rywun/rywbeth)*	
siarad **heb** *(rywbeth, e.e. nodiadau)*	
siarad **hyd** *(oriau mân)*	
siarad **o** *(rywbeth, e.e. o'r fron)*	
siarad **rhwng** *(rhywbeth, e.e. ei ddannedd)*	
siarad **trwy** *(rywbeth, e.e. ei het)*	to talk nonsense
siarad **wrth** *(rywrai)*	
siarsio *(rhywun)* **i** *(wneud rhywbeth)*	to warn
sibrwd *(rhywbeth)* **i** *(rywbeth, e.e. clust rhywun)*	to whisper
sibrwd *(rhywbeth)* **wrth** *(rywun)*	
sicrhau *(rhywbeth)* **wrth** *(rywbeth)*	to fasten
sigo **dan** *(rywbeth)*	to buckle
simsanu **rhwng** *(rhyw bethau)*	to vacillate
siopa **am** *(rywbeth)*	to shop
siopa **dros** *(rywun)*	

sipian:sipio *(rhywbeth)* **o** *(rywbeth)*	to sip
sirioli **drwof** etc.	to cheer up
sisial **â** *(rhywun)* **am** *(rywbeth)*	to whisper
sisial **wrth** *(rywun/rywbeth)*	
sleifio **ar** *(rywbeth)*	to slide
sleifio **o** *(rywle)* **i** *(rywle)*	
slobran **dros** *(rywun/rywbeth)*	to slaver
smyglo *(rhywbeth)* **o** *(rywle)* **i** *(rywle)*	to smuggle
sodro *(rhywbeth)* **wrth** *(rywbeth)*	to solder
sôn **am** *(rywbeth)* **wrth** *(rywun)*	to mention
sorri **wrth** *(rywun/rywbeth)*	to sulk
stamp(i)o *(rhywbeth)* **ar** *(rywbeth)*	to stamp
steryllu *(rhywbeth)* **â** *(rhywbeth)*	to sterilize
stocio *(rhywbeth)* **â** *(rhywbeth)*	to stock
stompio **trwy** *(rywle)*	to stamp
streicio **am** *(reswm)*	to strike
stwffio *(rhywbeth)* **i** *(rywle)*	to stuff
suddo **i** *(rywle/rywbeth)*	to sink
sugno *(rhywbeth)* **o** *(rywle)* **i** *(rywle)*	to suck
suro **wrth** *(rywun/rywbeth)*	to become bitter
swatio **wrth** *(rywbeth)*	to crouch
swcro *(rhywun/rhywbeth)* **â** *(rhywbeth)*	to succour
switsio *(rhywbeth)* **arno**	to switch
swnian **ar** *(rywun/rywbeth)*	to grumble
sychedu **am** *(rywbeth)*	to thirst
sychu *(rhywbeth)* **â** *(rhywbeth)*	to wipe
sychu *(rhywbeth)* **o** *(rywbeth)*	
sylfaenu *(rhywbeth)* **ar** *(rywbeth)*	to base
sylwi **ar** *(rywun/rywbeth)*	to observe
syllu **ar** *(rywun/rywbeth)*	to stare
syllu **drwy** *(rywbeth)*	
syllu **i** *(rywbeth)*	
symbylu *(rhywun)* **i** *(wneud rhywbeth)*	to stimulate
symbylu *(rhywun/rhywbeth)*	
trwy *((wneud) r(h)ywbeth)*	
symud **o** *(rywle)* **i** *(rywle)*	to move
synfyfyrio **uwchben** *(rhywbeth)*	to meditate

synnu **at** *(rywun/rywbeth)*   to wonder
  synnu **ar** *(rywun)*
syrffedu **ar** *(rywun/rywbeth)*   to have a surfeit of
syrthio **am** *(rywun/rywbeth)*   to fall
  syrthio **ar** *(rywbeth)*
  syrthio **dan** *(rywbeth)*
  syrthio **dros** *(rywbeth)*
  sythio **mewn** *(cariad)*
  syrthio **o** *(rywle)* **i** *(rywle)*
  syrthio **rhwng** *(dwy stôl/y cŵn a'r brain)*

t

tacio *(rhywbeth)* **wrth** *(rywbeth)*   to tack
tadogi *(rhywbeth)* **ar** *(rywun)*   to attribute
taenellu *(rhywbeth)* **ar** *(rywbeth)*   to sprinkle
  taenellu *(rhywbeth)* **dros** *(rywbeth)*
taenu *(rhywbeth)* **am** *(rywbeth)*   to spread
  taenu *(rhywbeth)* **ar** *(rywbeth)*
  taenu *(rhywbeth)* **dros** *(rywbeth)*
taflu *(dilledyn)* **am** *(rywbeth)*   to throw
  taflu *(rhywbeth)* **ar** *(rywbeth)*
  taflu *(rhywbeth)* **at** *(rywun)*
  taflu *(rhywbeth)* **dan/trwy/rhwng**
  taflu *(rhywbeth)* **dros** *(rywbeth/rywun)*
  taflu *(rhywbeth)* **o** *(rywle)* **i** *(rywle)*
  taflu *(rhywun/rhywbeth)* **oddi ar** *(rywbeth)*
tafoli *(rhywbeth)* **yn** *(rhywbeth)*   to weigh up
tagu **ar** *(rywbeth)*   to choke
talfyrru **o** *(rywbeth)* **i** *(rywbeth)*   to abbreviate
talgrynnu **i fyny/i lawr**   to round off
talu **am** *(rywbeth)*   to pay
  talu *(rhywbeth)* **i** *(rywun)*
tanio *(rhywun/rhywbeth)* **â** *(rhywbeth)*   to fire
tannu *(rhywbeth)* **dros** *(rywbeth)*   to spread
tanseilio *(rhywun/rhywbeth)*
    trwy *(wneud rhywbeth)*   to undermine

tanysgrifio **i** *(rywbeth)*	to subscribe
tapio *(rhywbeth/rhywun)* **â** *(rhywbeth)*	to tap
taranu **wrth** *(rywun)* **am** *(rywbeth)*	to bellow
tarddu **o** *(rywle)*	to spring from
tarfu **ar** *(rywun/rywbeth)*	to disturb
taro *(rhywbeth)* **â** *(rhywbeth)*	to strike
taro *(gwisg)* **amdanaf** etc.	to wear
taro **ar** *(rywun/rywbeth)*	to happen upon
taro **draw**	to call by
tasgu **ar** *(rywun/rywbeth)*	to splash
tasgu **dros** *(rywun/rywbeth)*	
tebygu *(rhywun/rhywbeth)* **i** *(rywun/rywbeth)*	to compare
teilwra *(rhywbeth)* **i** *(siwtio rhywun/rhywbeth)*	to tailor
teilyngu *(rhywun)* **i** *(wneud rhywbeth)*	to make worthy
teimlo **am** *(rywun/rywbeth)*	to feel
teimlo **ar** *(fy nghalon)*	to feel obliged
teimlo **dros** *(rywun/rywbeth)*	
teithio **ar** *(rywbeth)*	to travel
teithio **dros/trwy/dan/rhwng**	
teithio **gyda** *(rhywun)*	
teithio **hyd** *(rywle)*	
teithio **o** *(rywle)* **i** *(rywle)*	
teithio **trwy** *(rywle)*	
temtio *(rhywun)* **i** *(wneud rhywbeth)*	to tempt
tendio **ar** *(rywun)*	to serve
teneuo *(rhywbeth)* **â** *(rhywbeth)*	to dilute
terfynu **â** *(rhywbeth)*	to terminate
terfynu **ar** *(rywbeth)*	
tewhau *(rhywbeth)*	
ar gyfer *(rhywun/rhywbeth)*	to fatten
tewi **â** *(sôn)*	to become silent
tewi **ar** *(rywbeth)*	
tewi **tuag at** *(rywun)*	
tewychu *(rhywbeth)* **â** *(rhywbeth)*	to thicken
tewychu **ar gyfer** *(rhywun/rhywbeth)*	
teyrnasu **ar** *(rywun/rywbeth)*	to rule
teyrnasu **dros** *(rywun/rywbeth)*	
teyrnasu **o** *(rywle)* **i** *(rywle)*	

tisian **dros** *(rywun/rywbeth)* to sneeze
tiwnio **i** *(draw arbennig)* to tune
   tiwnio *(rhywbeth)* **i** *(rywun)*
   tiwnio **ar gyfer** *(rhywbeth)*
toddi **i** *(rywbeth/rywle)* to melt
toi *(rhywbeth)* **â** *(rhywbeth)* to roof
tolio **ar** *(rywbeth)* to save
tonni **dros** *(rywle/rywbeth)* to billow
torri *(gair)* **â** to speak
   torri **ar** *(anifail)* to geld
   torri **at** *(fan arbennig)* to cut
   torri **dan** *(rywbeth)*
   torri **i** *(rywbeth)*
   torri **oddi wrth** *(rywbeth)* to break away
   torri **rhwng** *(rhai pethau)*
   torri **trwy** *(rywbeth)*
torsythu **gerbron** *(rhywun/rhywbeth)* to swagger
tostio *(rhywbeth)* **o flaen** *(rhywbeth)* to toast
tosturio **wrth** *(rywun/rywbeth)* to pity
traddodi *(rhywun)* **i** *(gosb arbennig)* to sentence
   traddodi *(darlith)* **i** *(grŵp arbennig)* to deliver
traenio *(rhywbeth)* **o** *(rywle)* to drain
traethu **am** *(rywbeth)* to declaim
   traethu **ar** *(destun arbennig)* **wrth** *(rywun)*
trafaelu **o** *(rywle)* **i** *(rywle)* to travel
trafod *(rhywbeth)* **â** *(rhywun)* to discuss
trafferthu **â** *(rhywun)* **am** *(rywbeth)* to take trouble
   trafferthu **i** *(wneud rhywbeth)*
trallwyso *(rhywbeth)* **o** *(rywle)* **i** *(rywle)* to transfuse
tramgwyddo **yn erbyn** *(rhywun/rhywbeth)* to offend
tramp(i)o **ar** *(rywbeth)* to tramp
   trampio **dros** *(rywbeth)*
   trampio *(rhywbeth)* **dan draed**
tramwyo **dros** *(rywle)* to journey
   tramwyo **trwy** *(rywle)*
trapio *(rhywun/rhywbeth)* **yn** *(rhywle/rhywbeth)* to trap
trawsblannu *(rhywbeth)* **o** *(rywle)* **i** *(rywle)* to transplant

trawsgludo *(rhywun/rhywbeth)*
   o *(rywle)* **i** *(rywle)* — to transport
trawsgyweirio **o** *(gywair)* **i** *(gywair arall)* — to transpose
trefnu **i** *(rywun wneud rhywbeth)* — to arrange
  trefnu *(rhywbeth)* **i** *(rywun)*
trengi **o** *(achos)* — to perish
treiddio **trwy** *(rywbeth)* **at** *(fan arbennig)* **i** *(rywle)* — to pierce
treiglo **trwy** *(rywle)* **i** *(fan arbennig)* — to roll
treinio *(rhywun/rhywbeth)* **i** *(wneud rhywbeth)* — to train
treio **oddi ar** *(rywle)* — to ebb
tremio **tua** *(rhywle)* — to observe
tresmasu **ar** *(rywbeth)* — to trespass
treulio *(amser)* **yn/mewn** *(rhywle)* — to spend
  treulio *(arian)* **ar** *(rywbeth)*
trigo **yn** *(rhywle)* — to dwell
trimio **(yn ôl)** **i** *(rywbeth)* — to trim
trin *(rhywun)* **â** *(rhywbeth)* — to treat
  trin *(rhywun)* **am** *(rywbeth)*
tristáu **am** *(rywun/rywbeth)* — to sadden
  tristáu **dros** *(rywun/rywbeth)*
  tristáu **wrth** *(rywun/rywbeth)*
trochi **mewn/yn** *(rhywbeth)* — to bathe
troedio **ar** *(rywbeth)* — to walk
  troedio **o** *(rywle)* **i** *(rywle)*
  troedio **yn** *(rhywbeth)*
troi **am** *(rywle)* — to head for
  troi **ar** *(rywun)* — to turn
  troi **at** *(rywun)*
  troi **drosodd**
  troi **heibio** — to lay out a body
  troi **mewn**
  troi **o** *(rywle)* **i** *(rywle)*
  troi **oddi wrth** *(rywun/rywbeth)*
  troi *(rhywbeth)*
    rhwng *(rhywbeth, e.e. ei fysedd)*
troseddu **yn erbyn** — to break the law
trosglwyddo *(rhywun/rhywbeth)*
    o *(rywle)* **i** *(rywle)* — to transfer

trosi **o** *(un iaith)* **i** *(iaith arall)*	to translate
trotian **o** *(rywle)* **i** *(rywle)*	to trot
trugarhau **wrth** *(rywun/rywbeth)*	to have mercy
trwco *(rhywbeth)* **am** *(rywbeth)*	to swap
trwsio *(rhywbeth)* **â** *(rhywbeth)*	to repair
trwyddedu *(rhywun)* **i** *(wneud rhywbeth)*	to licence
trwytho **yn/mewn** *(rhywbeth)*	to steep
trychu **i** *(rywbeth)*	to cut
tueddu **at** *(rywbeth)*	to tend
tueddu **i** *(wneud rhywbeth)*	
turio **dan** *(rywbeth)*	to burrow
turnio *(rhywbeth)* **allan o** *(rywbeth)*	to turn (on a lathe)
tuthio **tuag at** *(rywun/rywle)*	to trot
twnelu **dan** *(rywbeth)*	to tunnel
twnelu **trwy** *(rywbeth)*	
twrio **dan** *(rywbeth)*	to rummage
twsian **dros** *(rywun/rywbeth)*	to sneeze
twyllo *(rhywun)* **allan o** *(rywbeth)*	to deceive
twymo *(rhywbeth)* **ar** *(rywbeth)*	to warm
twymo *(rhywbeth)* **wrth** *(rywbeth)*	
tyfu **ar** *(rywbeth)*	to grow
tyfu **dan/dros/trwy/rhwng**	
tyfu **hyd at** *(rywle/rywbeth)*	
tyfu **o** *(rywle)*	
tyngu *(rhywbeth)* **i** *(rywun)*	to swear
tyngu **wrth** *(rywbeth)*	
tymheru *(rhywbeth)* **â** *(rhywbeth)*	to temper
tynhau *(rhywbeth)* **â** *(rhywbeth)*	to tighten
tynhau **am** *(rywun/rywbeth)*	
tynnu *(rhywbeth)* **allan o** *(rywbeth)*	to pull
tynnu **am** *(amser)*	to get on for
tynnu **ar** *(rywbeth, e.e. profiad oes)*	to draw on
tynnu **at** *(rywun)*	to attract
tynnu **dan** *(rywbeth, e.e. y tonnau)*	to drag under
tynnu **drwy** *(rywbeth)*	
tynnu **i** *(wneud rhywbeth)*	
tynnu *(dillad)* **oddi amdanaf** etc.	to undress
tynnu **oddi wrth** *(rywun/rywbeth)*	to detract

66

tyrchu **dan** *(rywbeth)*	to burrow
tyrru **tuag at** *(rywle/rywbeth)*	to flock
tyrru **i** *(wneud rhywbeth)*	
tystio **am** *(rywun/rywbeth)*	to testify
tystio **i** *(rywun/rywbeth)*	
tystio **wrth** *(rywun)*	
tystio **yn erbyn** *(rhywun/rhywbeth)*	
tystiolaethu **am** *(rywbeth)*	to testify
tystiolaethu **dros** *(rywun/rywbeth)*	
tystiolaethu **i** *(rywbeth)*	
tystiolaethu **i** *(rywbeth)*	
tywallt *(rhywbeth)* **ar** *(rywbeth)*	to pour
tywallt *(rhywbeth)* **dros** *(rywbeth)*	
tywallt *(rhywbeth)* **i** *(rywbeth)* **o** *(rywbeth)*	
tywyllu *(rhywbeth)* **rhag i** *(rywbeth ddigwydd)*	to darken
tywynnu **ar** *(rywun/rywle/rywbeth)*	to shine

U

ubain **dros** *(rywun/rywbeth)*	to howl
ufuddhau **i** *(rywun/rywbeth)*	to obey
uniaethu **â** *(rhywun/rhywbeth)*	to identify with
uno **â** *(rhywun/rhywbeth)*	to unite
uno **mewn/yn** *(rhywbeth)*	
urddo *(rhywun)* **i** *(rywbeth)*	to ordain

W

wado *(rhywun/rhywbeth)* **â** *(rhywbeth)*	to belt
wincian **ar** *(rywun)*	to wink
wylo **am** *(rywun/rywbeth)*	to weep
wylo **dros** *(rywun)*	
wynebu **am** *(gyfeiriad arbennig)*	to face

y

ychwanegu **at** *(rywbeth)* — to add
yfed *(rhywbeth)* **o** *(rywbeth)* — to drink
yngan:ynganu *(rhywbeth)* **wrth** *(rywun)* — to pronounce
ymadael **â** *(rhywun/rhywle)* **i** *(rywle)* — to leave
ymaelodi **â** *(rhywbeth)* — to join
ymaflyd **yn/mewn** *(rhywun/rhywbeth)* — to grapple
ymarfer **â** *(rywun/rhywbeth)* — to practise
ymatal **rhag** *(gwneud rhywbeth)* — to refrain
ymateb **i** *(rywun/rywbeth)* — to respond
ymbalfalu **am** *(rywun)* — to fumble
   ymbalfalu **yn/mewn** *(rhywbeth)*
ymbil **â** *(rhywun)* **am** *(rywbeth)* — to beseech
   ymbil **ar** *(rywun)* **dros** *(rywun arall)*
ymbincio **o flaen** *(rhywun/rhywbeth)* — to make up (cosmetics)
ymchwilio **i** *(rywbeth)* — to research
ymdebygu **i** *(rywun/rywbeth)* — to resemble
ymdeithio **o** *(rywle)* **i** *(rywle)* — to journey
ymdoddi **i** *(rywbeth)* — to melt
ymdopi **â** *(rhywbeth)* — to cope
ymdrechu **dros** *(rywun/rywbeth)* — to strive
   ymdrechu **i** *(wneud rhywbeth)*
ymdreiddio **i** *(rywbeth)* — to pervade
ymdrin **â** *(rhywun/rhywbeth)* — to deal with
ymdrochi **yn** *(rhywbeth)* — to swim
ymdrybaeddu **yn/mewn** *(rhywbeth)* — to wallow
ymddangos **gerbron** *(rhywun)* — to appear
   ymddangos **i** *(rywun)*
ymddeol **o** *(rywbeth)* — to retire
ymddiddan **â** *(rhywun)* — to converse
ymddiddori **yn/mewn** *(rhywbeth)* — to take an interest
ymddihatru **o** *(ddillad)* — to undress
ymddiheuro **i** *(rywun)* **am** *(rywbeth)* — to apologise
ymddiried *(rhywbeth)* **i** *(rywun)* — to entrust
   ymddiried **yn** *(rhywun/rhywbeth)* — to trust
ymddiswyddo **o** *(rywbeth/rywle)* — to resign

ymestyn **ar** *(rywbeth)*	to reach
ymestyn **at** *(rywle)*	
ymestyn **dan/dros/trwy/rhwng**	
ymestyn **hyd** *(rywle)*	
ymestyn **o** *(rywle)* **i** *(rywle)*	
ymfalchïo **yn** *(rhywun/rhywbeth)*	to take pride
ymffrostio **am** *(rywbeth)*	to boast
ymffrostio **mewn/yn** *(rhywbeth)*	
ymgeleddu **rhag**	to succour
ymgiprys **â** *(rhywun)* **am** *(rywbeth)*	to contest
ymgodymu **â** *(rhywun/rhywbeth)*	to struggle
ymgolli **yn/mewn** *(rhywbeth)*	to become absorbed
ymgomio **â** *(rhywun)*	to converse
ymgorffori **yn** *(rhywbeth)*	to incorporate
ymgreinio **ar** *(rywbeth)* **i** *(rywun)*	to ingratiate
ymgreinio **o flaen** *(rhywun/rhywbeth)*	
ymgroesi **rhag** *(rhywun/rhywbeth)*	to cross oneself
ymgrymu **gerbron** *(rhywun/rhywbeth)*	to bow
ymgrymu **i** *(rywle/rywbeth)*	
ymgrymu **o flaen** *(rhywun/rhywbeth)*	
ymguddio **rhag** *(rhywun/rhywbeth)*	to hide
ymgynghori **â** *(rhywun)* **am** *(rywbeth)*	to consult
ymgymryd **â** *(rhywbeth)*	to undertake
ymgynnull **at** *(rywun)* **i** *(wneud rhywbeth)*	to congregate
ymgyrchu **dros/yn erbyn** *(r(h)ywun/r(h)ywbeth)*	to campaign
ymgysegru *(rhywbeth)* **i** *(wneud rhywbeth)*	to consecrate
ymhél **â** *(rhywun/rhywbeth)*	to meddle
ymhelaethu **ar** *(rywbeth)*	to enlarge upon
ymhyfrydu **yn/mewn** *(rhywun/rhywbeth)*	to take pride in
ymlacio **yn/o flaen** *(rhywbeth)*	to relax
ymladd **â** *(rhywun/rhywbeth)*	to fight
ymladd **dros** *(rywun/rywbeth)*	
ymlafnio **i** *(wneud rhywbeth)*	to strive
ymledu **dros** *(rywle)*	to spread
ymledu **o** *(rywle)* **i** *(rywle)*	
ymlusgo **ar** *(rywbeth)*	to crawl
ymlwybro **tua** *(rhywle)*	to make one's way

ymochel **rhag** *(rhywun/rhywbeth)*	to avoid
ymofyn **â** *(rhywun)* **am** *(rywun/rywbeth)*	to request
ymolchi **â** *(rhywbeth)*	to wash (oneself)
ymolchi **dros** *(rywbeth)*	
ymolchi **rhag** *(rhywbeth)*	
ymollwng **i** *(rywbeth)*	to release
ymorol **am** *(rywbeth)*	to seek
ymosod **ar** *(rywun/rywbeth)*	to attack
ymostwng **gerbron** *(rhywun)*	to bow
ymostwng **i** *(rywbeth)*	
ymostwng **o flaen** *(rhywun)*	
ymprydio **dros** *(rywbeth)*	to fast
ymresymu **â** *(rhywun/rhywbeth)*	to reason
ymryson **â** *(rhywun/rhywbeth)*	to compete
ymryson **yn erbyn** *(rhywun/rhywbeth)*	
ymsuddo **i** *(rywbeth)*	to sink
ymuno **â** *(rhywun)*	to join
ymuno **yn/mewn** *(rhyw ddigwyddiad)*	
ymweld **â** *(rhywun/rhywbeth/rhywle)*	to visit
ymwneud **â** *(rhywun/rhywbeth)*	to deal with
ymwrthod **â** *(rhywun/rhywbeth)*	to reject
ymylu **ar** *(fod yn rhywbeth)*	to verge
ymyrryd **â** *(rhywun/rhywbeth)*	to interfere
ymyrryd **yn** *(rhywbeth)*	
ynysu **rhag** *(rhywbeth)*	to isolate
ysbïo **ar** *(rywun/rywbeth)*	to look
ysboncio **ar** *(rywbeth)*	to bounce
ysboncio **o** *(rywle)*	
ysbrydoli *(rhywun)* **i** *(wneud rhywbeth)*	to inspire
ysgaldanu *(rhywbeth)* **â** *(rhywbeth)*	to scald
ysgarthu *(rhywle)* **â** *(rhywbeth)*	to muck out
ysgeintio:sgeintio *(rhywbeth)* **dros** *(rywbeth)*	to sprinkle
ysglefrio **ar** *(rywbeth)*	to skate
ysglefrio **dros** *(rywbeth)*	
ysgogi *(rhywun)* **i** *(wneud rhywbeth)*	to impel
ysgraffinio *(rhywbeth)* **â** *(rhywbeth)*	to etch
ysgrifennu **ar** *(rywbeth)* **am** *(rywbeth)*	to write
at *(rywun)* **i** *(le arbennig)*	

ysgubo *(rhywbeth)* **â** *(rhywbeth)* — to sweep
   ysgubo *(rhywbeth)* **o** *(rywle)* **i** *(rywle)*
ysgwrio *(rhywbeth)* **â** *(rhywbeth)* — to scour
ysgwyd *(llaw)* **â** *(rhywun)* — to shake
   ysgwyd *(rhywbeth)* **o** *(rywle)*
ysgymuno **o** *(rywle)* — to excommunicate
ysgyrnygu **ar** *(rywun/rywbeth)* — to snarl
ysgythru **ar** *(rywbeth)* — to etch
   ysgythru **i** *(rywbeth)*
ystelcian **o** *(rywle)* **i** *(rywle)* — to sneak
ystwyrian *(rhywbeth)* **â** *(rhywbeth)* — to stir (move)
ysu **â** *(rhywbeth)* — to crave
   ysu **am** *(gael gwneud)*
yswirio *(rhywbeth)* **am** *(swm o arian)* — to insure

Rhai Priod-ddulliau

to aim	gwneud am
to attack	bwrw ar
to be sunk	wedi canu ar
to break away	torri oddi wrth
to bring	dod â
to call by	taro draw
to continue	dal i, para i
to critcize	lladd ar, rhedeg ar
to defeat	cario ar, ennill ar
to detract	tynnu oddi wrth
to discover	dod o hyd i
to draw on	tynnu ar
to feel	clywed ar
to feel obliged	teimlo ar (fy nghalon)
to find	dod o hyd i
to fizz with	byrlymu o
to geld	torri ar
to get	cael am
to get at	cael at
to get on for	tynnu am
to get on with it	bwrw arni, palu arni
to get over	dod dros
to go on	mynd rhagddo
to happen upon	taro ar
to head for	bwrw am, troi am
to join	cydio wrth
to keep going	pydru arni
to kill	gwneud amdano
to lay out a body	troi heibio
to lean on	pwyso ar
to let rip	gollwng arni
to lose control	colli ar
to make	gwneud i
to persist	cadw i, dal ati, dal wrth

to pressurize	gwasgu ar
to pretend	cymryd arno
to recover	dod ataf fy hun etc.
to set about	bwrw ati, mynd ati
to slip on (clothes)	taro am
to soak	gwlychu yn
to speak	torri gair â
to spit	chwythu ar
to stay away	cadw o
to take	mynd â
to take advantage	achub ar, bachu ar, dal ar
to talk nonsense	siarad trwy ei het
to teem	berwi o
to undress	tynnu oddi amdanaf etc.
to wend	gwau am
to wear	rhoi amdanaf etc., taro amdanaf etc.

Y PRIF ARDDODIAID

(Ceir rhestr lawn o'u gwahanol ystyron yn
Geiriadur Gomer i'r Ifanc)

at

ataf i	atom ni
atat ti	atoch chi
ato ef	atynt hwy
ati hi	

dan

danaf i	danom ni
danat ti	danoch chi
dano ef	danynt hwy
dani hi	

am

amdanaf i	amdanom ni
amdanat ti	amdanoch chi
amdano ef	amdanynt hwy
amdani hi	

ar

arnaf i	arnom ni
arnat ti	arnoch chi
arno ef	arnynt hwy
arni hi	

dros

drosof i	drosom ni
drosot ti	drosoch chi
drosto ef	drostynt hwy
drosti hi	

heb

hebof i	hebom ni
hebot ti	heboch chi
hebddo ef	hebddynt hwy
hebddi hi	

rhag

rhagof i	rhagom ni
rhagot ti	rhagoch chi
rhagddo ef	rhagddynt hwy
rhagddi hi	

yn

ynof i	ynom ni
ynot ti	ynoch chi
ynddo ef	ynddynt hwy
ynddi hi	

o

ohonof i	ohonom ni
ohonot ti	ohonoch chi
ohono ef	ohonynt hwy
ohoni hi	

rhwng

rhyngof i	rhyngom ni
rhyngot ti	rhyngoch chi
rhyngddo ef	rhyngddynt hwy
rhyngddi hi	

trwy

trwof i	trwom ni
trwot ti	trwoch chi
trwyddo ef	trwyddynt hwy
trwyddi hi	

wrth

wrthyf i   wrthym ni
wrthyt ti   wrthych chi
wrtho ef   wrthynt hwy
wrthi hi

gan

gennyf i   gennym ni
gennyt ti   gennych chi
ganddo ef   ganddynt hwy
ganddi hi

i

imi   inni
iti   ichi
iddo   iddynt
iddi

hyd

hyd-ddo   hyd-ddynt
hyd-ddi

Os ydych chi wedi meddwl, beth yw ystyr yr enw yna, neu sut y mae
sillafu enw'r lle yma'n gywir, dyma'r llyfr i chi. Ynddo fe gewch:
yr enw Cymraeg mewn ffurf gydnabyddedig; at beth mae'r enw yn
cyfeirio – *afon, mynydd, lle, llyn* etc.; lleoliad yn ôl yr hen siroedd
(cyn 1974); lleoliad yn ôl siroedd wedi 1996; esboniad ar ystyr yr
elfennau a geir yn yr enw (yn Gymraeg); esboniad cyfatebol yn
Saesneg; ffurf Saesneg ar yr enw; cyfeiriad map yn ôl grid OS.

Ar ben hynny ceir: mapiau – hanesyddol a chyfoes; ymdriniaeth
ddwyieithog; enwau rhai o'r 'gwledydd' cyn dyfodiad y Normaniaid;
y cantrefi; y cymydau ; er mwyn tynnu sylw at hen arfer Gymraeg o
adnabod rhywun yn ôl enw ei gartref, rhestr o gartrefi enwocaf Cymru

£17.99   ISBN 978 1 84323 735 8

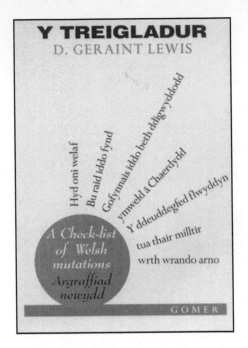

Os yw'r treigladau'n faen tramgwydd i chi,
dyma gymorth hawdd troi ato sy'n cynnwys:

rhestr gynhwysfawr, yn nhrefn yr wyddor, o'r holl
eiriau Cymraeg sy'n achosi treiglad;

crynodeb o'r prif reolau (a'r eithriadau) yn
ymwneud â'r treigladau;

eglurhad o'r termau gramadegol sy'n cael eu
defnyddio yn y rhestr rheolau.

£5.95

ISBN 1 85902 480 7

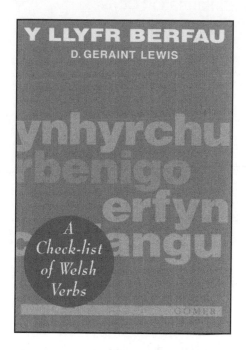

Y Llyfr Berfau yw'r llyfr cyntaf i redeg rhestr
gynhwysfawr o dros fil o ferfau Cymraeg. Mae'n
cynnwys pob berf a geir yn *Geiriadur Gomer i'r Ifanc*
ac os digwydd unrhyw newid i fôn y ferf wrth ei
rhedeg, nodir y newid yn y llyfr hwn. Dyma o'r diwedd
lyfr Cymraeg sy'n cyfateb i'r llyfrau berfau hynny sydd
yn gymaint o gymorth i siaradwyr ieithoedd
Ewropeaidd eraill.

£7.95

ISBN 1 85902 138 7

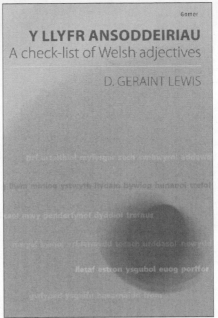

Gomer

Y LLYFR ANSODDEIRIAU
A check-list of Welsh adjectives

D. GERAINT LEWIS

Os yw ansoddeiriau yn faen tramgwydd i chi, dyma gymorth hawdd troi ato sy'n cynnwys rhestr gynhwysfawr o ansoddeiriau gyda'u cyfystyron Saeneg; rhybudd ynglŷn â pha ansoddeiriau y mae modd eu cymharu a'r rhai nad ydynt yn arfer cael eu cymharu; yr ansoddeiriau wedi'u cymharu gan ddefnyddio'r dull *mor, mwy, mwyaf*, hefyd y dull *—ed, —ach, —af* (e.e. coched, cochach cochaf), ynghyd â'r ffurfiau afreolaidd; rhestr o'r ffurfiau benywaidd a lluosog ; penawd annibynnol ar gyfer ffurfiau dieithr sy'n ymddangos wrth gymharu rhai ansoddeiriau yn Gymraeg
(e.e gwlyped; blong. llofr; amddifaid etc.)

£6.99

ISBN 1 84323 239 1